異邦人のロンドン

Foreigners of London

Sonobe Satoshi

園部 哲

集英社インターナショナル

異邦人のロンドン　目次

カバー＋表紙 モザイクアーティスト テッサ・ハンキン（Tessa Hunkin）
作製 サウスバンク・モザイクス（Southbank Mosaics）
委託者 シティ・オブ・ロンドン
撮影 園部 哲
ブックデザイン 鈴木成一デザイン室

異邦人のロンドン

遠来の旅人

コロナ感染という言葉が不吉な色合いを深め、次第にそれが惨禍を意味し、ついに「ロックダウン法」が制定されてイギリス全土が原則外出禁止という厳格な体制に入ったのが二〇二〇年の三月末。その数か月後、地元の新聞にこんな見出しの記事が載った。

「テムズ河畔にトラベラーズ（travellers）がやってきた」

ロンドン南西部、リッチモンド南側の川沿いにトラベラーズが大挙してやってきたという。こんな大変な状況なのにのんきな旅行者がいるもんだと早とちりしそうになったけれど、こうした文脈での「トラベラーズ」は漂泊《ひょうはく》の民を意味する。もったいをつけずにいえば、ジプシーという総称でくくられる人たちのことだ。そこにはいかにもジプシー的な、いわゆインド亜大陸発ヨーロッパ経由で何世紀も前から渡来してきたロマ・ジプシーや、るアイリッシュ・トラベラーという白人種がふくまれる（イギリスではこれらをまとめてGRT＝Gypsy, Roma and Traveller すなわちジプシー・ロマ・トラベラーという呼称を使うことがある）。

　アイリッシュ・トラベラーの祖先は、十七世紀のクロムウェルによるアイルランド侵略のときに家を失ってイングランドに流れてきた人々だという説もある。定住地を持たずにキャラバンで群れをなし、移動しながら生活をするというスタイルが似ているので、ジプシーとひとくくりにされてきた。しかしアイリッシュ・トラベラーには金髪碧眼《きんぱつへきがん》もいて、見かけは北方型の白人である。つまりイギリス人とあまり変わらない。

　こうして川べりに仮寓をかまえたアイリッシュ・トラベラーは新聞に書きたてられ、リッチモンドのカウンシル（自治区の役所）と警察に追いはらわれ、別の場所を求めて立ち去った。

　それから丸一年後、コロナ禍が一進一退の様相を呈したあと若干好転の気配が見えて諸規制もゆるみはじめた五月、再びトラベラーズがやってきた。

　今度は場所を変えてリッチモンドの北側、キュー・ガーデンズ近くの住宅に囲まれたグリーン（緑地）である。キュー・グリーンと呼ばれる場所で、夏にはクリケットの試合が行われるようなお洒落な緑地帯だ。たまたまそのそばを車で走りすぎたとき、白い大型キャラバン十数台がグリーンの中に止まっているのが見えた。ファンフェア（出店とか仮設遊園地が設置されるお祭り）の準備だろう、コロナ関連の制限も緩和されてきたから楽しい催しも必要だな、と思って翌日の新聞を見たら「トラベラーズが住宅地のグリーンを占拠」とある。再びカウンシルが出動して退去をうながしたがトラベラーズたちは頑として動かない。そこでカウンシルはロンドンの高等法院《ハイコート》――紅茶の老舗トワイニング社の真向かいに建つ華麗な建物、王立裁判所の中にある――から占有回復命令を取得して何とか退去させた。

と思ったらまた八月の新聞に、彼らがキュー・グリーンに舞い戻ってきたとある。またしてもグリーンに面する場所に家をかまえる人々から苦情が噴出した。そしてまたもやカウンシルが動きはじめた。

新聞記事を見た翌日の夕方、犬を連れてキュー・ガーデンズ沿いに二十分ばかり歩き、キュー・グリーンへ行ってみた。犬に引かれた野次馬である。十数台の真っ白なキャラバンがグリーンの上に間隔を開けて停まっている。キャラバンは彼らにとってマイホームだから、「隣家」と軒を争うような密な駐車はしない。ゆったりと、ということはグリーンいっぱいに広がって、発電機やバーベキューの道具、子どもの遊具が散らかった即席住宅地ができあがる。トラベラーズの子どもたちが走りまわっている。しかしグリーン近辺の地元住民の姿はない。いつもなら犬を連れたり、乳母車を押して散歩したりする人が絶えない場所なのだが。

現場に入りこんでみようと、僕はグリーンを横切った。近くで見るキャラバンはなかなか立派で、白いボディが西日にきらきら輝いている。陸上に乗り上げた小型クルーザーみたいな感じだ。それを牽引《けんいん》する乗用車は、僕のフォルクスワーゲンなどよりはるかに大きく新しい。みんなどこかに出払っているのか、トラベラーズたちの姿はない。反対側から、せかせかと落ち着きのないヨークシャーテリアに引かれた恰幅のよい中年男性がやってきた。すれ違いざまに彼が見せた表情が印象的だった。だいたい犬連れ同士というのはほほえみを交わしてすれ違うことが多い。しかしそのときの彼は、基本形は微笑だけれど、心持ち顎を上げ、口の端を下げ、眉を吊り上げるという超絶技巧の表情を見せた。これを翻訳すると「おわかりでしょう、これが問題のアレですよ、やれやれ困ったものですな」となる。

テムズ河畔に出て近郊の高校のボート練習を眺めたあと、線路をくぐって駅の反対側の小広場に出た。すると不意にピアノの音が聞こえてきた。それもベートーヴェンの生演奏。そのメロディーは数年前に開店したカフェの、開け放したドアから流れてきていた。聞きおぼえのあるソナタの旋律を耳にしたその瞬間、わけもなく愉快になった。

そこは駅前のちょっとした広場の角地で、場所は抜群だけれども、カフェになる以前は前庭にトラクターや車の残骸が積みかさねられ、錆《さ》びた金属ゴミのあいだからは雑草が生え、建物を覗くととうてい売り物にはなりそうもないガラクタが散乱していた。ひとことでいえばゴミ屋敷。人の住む気配はなく、ドアや窓が開いたところは一度も見たことがない。唯一通行人の目を楽しませていたものがあったとすれば、閉じたカーテンとガラス窓のあいだの窓台に置かれたラジオメーター。太陽光が少しでもあれば、フラスコのようなガラス球のなかで四枚の金属翼がくるくる回りつづける。ひとけのない家でそれだけが動いていた。駅の真ん前の角地だからその荒廃したありさまは目立ちすぎ、住民全員があれはどうにかならぬものかと、少なくとも三十年以上は思いつづけてきた。

ところがある日、前庭の錆びついたトラクターが片付けられ、建物全体の改装が始まった。どうなるんだろう？　何かすてきな店ができるの？　と住民の期待は高まる。レストランになるとかジャズクラブらしいという噂があったけれど、完成したのはオフホワイトのカフェだった。切りもりするのは数人の日本人女性たちで、普通のカフェメニューのほかに和風弁当やら懐石料理まで出てくる。最近ではカルピスまで出すようになった。住民全員の想定を超えていた。そして店の中央にはグランドピアノが置いてある。スタインウェイでもベーゼンドルファーでもヤマハでもなく、イタリア製のファツィオリである。

その店では近隣のミュージシャンを招いて、ときどきジャズやクラシックの演奏会を開きはじめた。夕方の駅前に聞こえていたベートーヴェンの「ハンマークラヴィア」ソナタも、本番前の練習だった。それを愉快に感じたのは、コンサート御法度《ごはっと》の一年半ののちに初めて聞いた楽器の音だったからということが一番大きく、レコードでしか聞いたことのないソナタに初めて生で接した嬉しさゆえでもある。高い伽藍の天井へのぼってゆくようなリズミカルなメロディーに頰がゆるむ。

二つの出来事にそれぞれ別の日に出くわしたということならば、散歩から帰宅して犬のプーバッグ（糞《ふん》袋）をゴミ箱に捨てるころには忘れてしまっていたかもしれない。だが、その夕方の二つの出来事は数十分以内、半径三百メートル圏内で接したせいで対比が鮮烈だった。地元住民にけむたがられて追放された、何世紀も前からブリテン島にいるトラベラーズと、地元の風景を小ぎれいに一変させた、最近やってきたらしい日本人のカフェ。対立させるようなものではないけれど、並置してみるといろいろなことのシンボリックな暗示であるような気がしてきた。どちらが悪くてどちらが良いという話ではなく、好ましさの比較でもない。ロンドンはそうした異なるものが無数に存在し、輪郭がくっきりと表れやすい場所だ。まるでモザイクのように。

ロンドンの「よそ者」にはさまざまな事情があって、さまざまな方法でこの都市へやってくる。かつての僕のように日本企業の海外駐在員として送られてくるのは、一番安直で何の苦労もいらない。そのうえ数年間のおつとめのあとは母国への帰還が決まっている。現地で暮らすことの本当の艱難《かんなん》辛苦とは無縁のままである。こういう種族を現地ではエクスパット（expat）――エクスパトリエイト（expatriate）の略――と呼ぶ。故国（patria）の外へ（ex）出た者、すなわち国外在住者という意味で、あくまでも出身国側から見た名称だ。いずれ母国へ戻ることを前提とした気楽な身分なのである。

そんな気楽な駐在員をやっていた昔（二〇〇一年）、すぐ近所のホームセンターの駐車場で死体が見つかって大騒ぎになった。朝出勤してきた店員が駐車場のはしっこに誰かが寝ているのを見つけ、酔っ払いだろうと思って近づいた。だが頭が割れて脳が飛び散っている。腕と脚は物理的に不可能な形でよじれている。単なる事故とは思われない。

呼ばれてやってきた警官が首をひねっていると、目撃者が現れた。ヒースロー空港へ向から飛行機から黒い人影が落ちてゆくのを見たという。無残な遺体で見つかったのは密航を図ったパキスタン北部農村部の出身、二十一歳の青年で、彼は常々イギリスで勉強する夢を語っていたらしい。

これで終わりではなかった。わが家のほぼ真上にヒースロー空港へ向から飛行機のフライトパス（飛行経路）があり、空港の上空手前で降下態勢に入った飛行機が車輪を出す。そのとき車輪格納部のハッチが開いてそこに隠れていた密航者は放りだされ、うちの近くに落ちてくる。このあたりは密航失敗者の落下地点として有名なホットスポットだったのである。

二〇一二年にはアンゴラからの密航者がわが家から南西に一キロばかり離れた住宅地の歩道に落ちてきた。

二〇一五年にはリッチモンド駅前のオフィスビルの屋上に南アフリカからの密航者が落ちてきた。真っ逆さまに落ちてきた彼は、屋上に並ぶ空調設備に頭から突っこみ、二本の脚がV字型に天を向いていたという。そこは友人が勤務していたペプシコーラの英国オフィスが入っているビルで、僕が毎日のように車で、あるいは犬を連れて通りかかる場所だっただけにショックは大きかった。

インド亜大陸やアフリカからの密航者は皆、飛行機の車輪格納部にもぐりこみ、狭い暗闇の中でロンドンを目指す。離陸とともに気温はどんどん下がってゆく。巡航高度の三万フィートに達すれば格納部の気温は零下六十度まで下がり、低酸素とあいまって密航者は意識を失うか、そのまま死亡する。彼らが息を引きとるころ、その頭上ではビジネスクラスの客たちがジントニックを傾けているというわけだ。

フライトパスの下に住んでいる住民にしてみたらたまったものではない。むろん確率は宝くじに当たるよりも低そうだが、当たれば即死する。一番最近の例として二〇一九年の夏の日、ナイロビからヒースローへ向かう飛行機から落ちてきたケニア人青年の凍結死体の落下地点は、自宅の庭で日光浴をしていた住民のわずか九十センチ横だった。

先進国へ向かう飛行機にしのびこんで密航を試みる人々は世界中にいる。二〇一〇年にはニューヨークから成田へ密航しようとした人が凍死状態で発見された。だが、密航先としては圧倒的にロンドンが人気で、過去二十六年間で十三件の記録がある。

こうした極端な例に接すると、そこまでしてロンドンに来たいのか？　と口に出してしまいそうになる。準備されたレールに乗って、何の苦労もなくやってきた僕がいうのはおこがましいが。しかし、ロンドンの歴史はローマ帝国が建設したロンディニアムの時代から、人を引き寄せる歴史だった。

数年前にテムズ川の南岸、サザーク地区の古い墓地跡から二十体の人骨が掘り出された。三世紀前後の骨だという。興味深いのは、分析の結果、うち二体が中国人らしい点。商人なのか奴隷なのかはわからないけれど、当時は世界の辺境だったロンドンにまで中国人が来ていた、そして中国人のコミュニティがあったかもしれないという発見にはわくわくする。当時はすでに中国とインド、そしてインドとローマが交易ルートとしてつながっていた。ということは、邪馬台国時代に中国人に捕まって西へ西へと転売された倭人がいたかもしれない。テムズの岸辺で大和《やまと》三山を偲《しの》んでむせび泣いていたかもしれないではないか。

そうした妄想はともかく、現在のロンドンには世界のすべての国の出身者がもれなく住みなしている。仮に世界が破滅しても、少なくともロンドンが無事であれば、ノアの箱舟となって世界の諸国民が再生されるわけだ。

それにしてもなぜ、ロンドンは人を引き寄せるのか？

ひとつ目は可能性の大きさ。アメリカも可能性の国だけれど、あの国では可能性が地理的に分散している。金融はニューヨーク、政治はワシントン、映画ならロサンゼルスというように。けれどもロンドンには全部ある。金融・政治に加えて演劇、音楽、出版、商業、プロ・スポーツ（サッカー）、学問その他があり、かつそれぞれが一流水準に達している。二つ目はふところの深さ。面積が大きいだけでなく（パリ、ニューヨークをしのぐ）、贅沢をいわなければ一応住み処《か》は確保でき、仕事口もある。そして最後の決定的要因は、英語の都市という点だろう。

　ではなぜそういう状況が生みだされたのか？　それは何世紀にもわたる歴史がもたらした結果というしかないだろう。つまりは世界帝国の首都としてのレガシー。英帝国は支配下に治めた人口と面積の両面で、かつてのあらゆる世界帝国にまさっていた。規模はやはり豊かさと多様性をもたらすのだ。前世紀の終わりにグローバリゼーションというはやり言葉が浮上したとき、グローバル・シティ（世界都市）として人々がまずイメージしたのはロンドンだったはずだ。パリやニューヨークもその名に値しそうだが何かが足りない。しかしロンドンには、過去の栄光にあぐらをかいた、という描写があてはまる部分も多い。しかし、人々がこの都市を目指すかぎり、この都市の栄光はもう一世紀くらいは楽に続きそうな気がする。特に二〇一〇年以降の富の流入を見ていると、この都市の拍動はまだまだ収まる気配がない。それが暮らしやすい都市を意味するかどうかは大いに疑問だが。

二〇一七年にロンドン西部にあるグレンフェル・タワーという高層アパート内で、七十数人の移民や貧しい人たちが焼け死ぬ大火災が起きた。移民・貧民が多く住む高層アパートが運悪く火災に見舞われて、という単純な話ではない。改装費用を節約するために亜鉛ではなく可燃性物質をふくむアルミ複合材を使ったり、アパート内の消火設備を十分に備えていなかったり、地元行政が手抜きをしてきた建物が、案の定全焼したという人災だったのである。この事件がショッキングだったのは、それがロンドンでも富裕層が住み高級商店街を有するケンジントン・アンド・チェルシー区で起きたからだ。真夜中に発火した二十四階建てのグレンフェル・タワーは、同地区の貧富の差を、富者の貧者に対する手抜きを、むごたらしく照らししながらたいまつのように燃えあがった。

それでも人々はこの都市を目指す。二〇二一年の国勢調査によると、ロンドン在住者のうち四割以上が外国で生まれた人々だという。かなり昔から、対岸フランスから出発するトラックや列車にしのびこんでイギリスを目指す密航者がいた。シリア内戦が激しくなった十年ほど前からは、水死の危険も覚悟してゴムボートでやってくる難民が増えた。最近では水上バイクに二人乗りで海峡を横断する者まで現れた。

歴史をさかのぼれば、十六世紀の宗教改革運動でカトリックから迫害されたフランスの改革派ユグノーも命からがら大集団をなして逃げてきた。名宰相チャーチルだって難民ユグノーの子孫なのである。

そもそもの始まり

近所に一人暮らしのスペイン人のおばあさんがいる。

同郷の夫と二人だけで長いあいだ暮らしていたが、しばらく前に夫君を亡くした。彼女は八十を超えているから、コロナ感染対策の分類でいうと「きわめて脆弱《ぜいじゃく》(extremely vulnerable)」な人々に分類される。

二〇二〇年三月に厳格なロックダウンが始まったとき、このカテゴリーに入る人たちについては近所の人たちが助けましょう、というのが全国共通の了解事項になった。助けるといっても介護とかではなく、具体的には買い物のお手伝いなので、そんなに大げさな話でもない。ワッツアップ（WhatsApp）というチャットアプリ（日本で使われているLINEのようなもの）で組織した半径百メートルくらいのゆるい隣組で、誰が誰の買い物代行をするかを決めるだけだ。

わが家では、かつて娘が世話になったヴァイオリンの先生の買い物を自主的に引き受けた。そのスペイン人のおばあさんは、僕らの守備範囲外だった。

ある夜、誰かがうちのドアを叩いた。それもかなり遅い時間に。あの時期は他人の家を訪れるなど言語道断だった。いぶかりつつドアを開けると、そのおばあさんが黒ずくめで立っていた。右手にお金を握っている。

何のご用でしょうかと尋ねる僕に、彼女はこういう趣旨を話した。

「○○さんがスーパーで一週間分の食品やら何やらを買ってくれて、それはそれはありがたかったのだが、ひとつ注文するのを忘れてしまっていた」

英語の苦手な人だったから、こうスラスラと説明できたわけではなく、スペイン語なまりと、言葉の選びそこないと、それゆえの逡巡《しゅんじゅん》で、結構時間がかかった。特に肝心の、何を注文し忘れたかの表明に至るまでが。

「それで……ウイスキーを買ってきてもらいたいんですが」

そう言って、彼女は二十ポンド札を二枚差し出した。ウイスキーを最後に買ったのは前世紀、どこかの免税店での話だから、ウイスキーの値段などすっかり忘れていた。四十ポンドというのは高級なのか普通なのか？

「どういった銘柄《ブランド》の？」

そう尋ねると、彼女は目の前に突然現れた巨大な蛾を追いはらうかのごとく、ポンド札を握った手を顔の前でふりまわした。

「ノ・メ・インポルタ（なんだっていいの）」と、自分にとってそんなことはどうでもいい、なんだったらウイスキーだって忘れてくれてもいい、と言わんばかりの勢いで。

翌日僕は、近くのスーパーでグレンフィディックを買って、彼女の家へ持参した。ドアのブザーを鳴らしてからだいぶ時間が経ったのち、怪訝《けげん》そうな表情の彼女が現れた。ロックダウン真っ最中のあのころは、肉体を備えた、ということはウイルス付きかもしれぬ物理的訪問客に対しては、誰もが不安げに恐るおそるドアを開けたのだ。

だが、ボトル付きの日本人を見て、彼女は相好を崩した。おつりの一ポンド硬貨を渡そうとすると、取っておきなさい坊や、という感じで僕の手を押しもどし、サンキュー、サンキュー、サンキューと言いながらドア陰に消えた。

酒好きのおばあさんだったんだね、とか、スペイン人ならワインを好みそうなものだけど、などと妻と話した。コロナ・ウイルスのせいで買い物に出ることを禁じられた人たちのためになるなら、それはそれでいい。

「でも、なぜ彼女の買い物係を引き受けてくれている人に頼まなかったのかしら？」

「週に二回、立てつづけに頼むのは気が引けたのかな」

その翌週、僕がいないときにあのおばあさんがまたやってきて、妻にウイスキーの購入を頼んでいった。

「あんなに高級なのでなくていい、というのよ」

「高すぎた？」

「でもまた四十ポンドくれた」

つまり安酒でいい、同じ値段で嵩《かさ》のあるのを買ってきてくれ、ということらしい。それで妻は、スーパーマーケットで安物ブランドの大瓶を買い求めておばあさんの家に届けた。倍以上の量だけれど単価が安いから、おつりは前よりずっと多く出た。取っておきなさいお嬢さん。

「単にアルコール依存症だったってことか」

「でも、なぜうちに頼みに来るのかな？　あの家とここのあいだには何軒もよそのうちがあるのに」

「ほかの家には恥ずかしくて頼みにくいとか」

「わたしたちが外国人だからじゃないかな」

単純な気づきだったけれど、それは湿紙に落ちたインクのように、さまざまな解釈を許す、形の定まらぬ思惟《しゆい》を招いた。

一番厳格な最初のロックダウンは二か月弱続いた。おばあさんは、そのあいだに合計四回うちに来た。ロックダウン法施行の真っ最中かつ当のおばあさん自身が「最脆弱者《ぜいじゃくしゃ》」に分類されていたわけだから、彼女は法を破り命をかけてやってきたのである。三回目と四回目になると、庭師に対するお礼としてとか、親戚の男性にあげるためなどとウイスキーを入手しなければならない言い訳を添えながら。

それが嘘なのは明らかだったし、僕たちがそれに気づいていることを彼女は知っていたはずだ。そうまでしても酒を欲しがるのがアルコール依存症者なのかもしれない。


イギリスで最初のコロナ・ウイルス感染者が発見された日（二〇二〇年一月三一日）からもう三年以上が経過した。

その間にロックダウンは三回発令され、原則外出禁止、日常生活圏外の人との接触禁止などのほか、さまざまなレベルの規制がかけられたりはずされたり、異様な生活が続いた。それでも厳格さにおいては、スペイン人のおばあさんが酒を求めて右往左往した最初のロックダウンが一番きつかった。

毎週木曜日の午後八時、市民が通りに出て、どこかで命をかけて働いている医療従事者に拍手をする儀式が定着したのもその時期だった。人や車の往来が途絶えて静まりかえった街路で、飛行機が飛ばなくなって青さが増した静謐な空の下で、恐怖と珍しさと怒りと感動にかられた人々が、虚空に向けて拍手をした。あれは非日常の時だった。未知の恐怖と背中合わせの一種の祭典だったのだ。

美容師や床屋が暗躍したのもその時期だ。閉店を命じられた彼ら彼女らは、白髪染めや整髪なしでは夜も日も明けぬ顧客の切なる依頼にこたえ、道具一式をそろえて個人宅をお忍びで訪れた。室内だとお互いにウイルスが怖いので、庭の木陰で秘めごとに従事した。僕はそうした現場を二回目撃している。あの当時、テレビのアナウンサーの髪がどんどん伸びてゆくのがわかった。女性は目立たないけれど、男性の場合は変化がよくわかる。髪を伸ばし放題にしているのが遵法精神の表れで、隣の会計士などは在宅ロックスターみたいになった。

会話なくして生き甲斐なしの英国民、携帯電話での会話よりも固定電話での会話が増えたという（落ち着くから？　それとも携帯を使い慣れない老人同士の会話の増加？）。屋内での面会は厳禁、戸外でも他人とは二メートル以上の間隔を維持せよ、というガイドラインをきちんと厳守して会話を楽しむ人々が現れた。自分の家から椅子を持ちだして友人宅を訪れ、ドアの前から二メートル離れた前庭なり通りに、持参したマイ・チェアを据え腰をおろして歓談するのである。うちの近辺でも、椅子を両手で抱えて歩きまわる人をよく見かけた。

規制が若干ゆるみ、ひと家族だけなら食事に招いてもよいというガイドラインが出た。早速招いたある夫婦との久しぶりの談笑を通じて、気づいたことがあった。

その二人とは十年を超えるつきあいで、人生の諸局面のエピソードを面白おかしく聞かせてもらってきたけれど、時の流れを順序立てて追ったり不明瞭な点を問いただしたりはしなかった。あたりまえかもしれない。食卓で尋問するホストはいない。だが、コロナ禍のあいまを縫ってやっと得られた貴重な会食は三時間程度で終わらせるにはもったいなく、零時を過ぎるまで続き、時間がたっぷりあれば、曖昧だったエピソードを訊き直すこともできる。ジグソーパズルの行方不明だったピースが次々にはまる感じだ。

そんな二人を送り出したあと、僕たちはため息をつくのだった。そうだったのか、これまで全然知らずにいたけれど、そういうことだったのか、という嘆息である。その後も長らくご無沙汰していた友人を招き、ゆっくり話をする機会を楽しんだ。なかには、誰かに招待されるなんて二年ぶりだ、と心から感激する者もいた。


同じ隣組に属する夫婦を招いたとき、スペイン人のおばあさんのウイスキーの話をした。二人は笑いながら聞いていた。なぜ僕のところに頼みに来たのかわからないんだ、と言ったところで爆笑した二人だったが、アリソンという名の夫人がこう言った。

「あの人、お宅の塀によく腰掛けているわ。足が悪くて杖をついているでしょう。夏の暑い日にね。ここいらでひと休み、みたいに」

うちの前庭のレンガ塀はほかの家に比べるとずいぶん低い。七十センチあるかないか。そういえば、コロナ禍よりもずっと前、外出から帰宅したとき、わが家の塀に腰をおろしている老婦人を見つけた。前庭の藤とカエデがほどよい日陰を作るので、暑い日には気持ちがいい。他人の家の塀に腰掛けているところを見つかり、どぎまぎして降りようとした彼女を、いいですよいいですよ、気にせずにどうぞどうぞ、というふうに手で制止し、そのまま座らせておいた。

それ以降、うちの塀に鳥のように止まっている彼女を何度か見かけた。何の根拠もなく、僕はポーランドかどこか東欧出身の人だと思いこんでいた。英語の重たいアクセントでそう思ったのだ。それに彼女の服はオレンジを基調にした鮮やかな色合いで、ウイスキーの買い物を頼みにきた黒ずくめのおばあさんが、うちの塀に腰かけていたあの人と同一人物だとは思わなかった。

「あなた、やさしい人だって見こまれたのよ」とアリソンがからかう。

鶴の恩返しみたいな話だなと思ったが、オチの部分がだいぶ違う。

人種差別

ロンドンをぐるりと取りかこむ環状道路は、東京の外環（東京外かく環状道路）よりひとまわり小ぶりで、西から東に流れるテムズ川がこれを真横（南北）に切断している。西端はキュー・ブリッジという橋でつながっているが、東端は文字通り川に切断されていて橋もなく、そこをつなぐのは十四世紀にさかのぼるウリッジ・フェリーという無料の渡し船だけである。環状線の北半分をノース・サーキュラーといい、南半分をサウス・サーキュラーという。上下の半弧をハンバーガーのバンズに見立てるなら、あいだにはさまったテムズはよれよれのベーコンみたいに見える。

ある日の午後、サウス・サーキュラーの最右車線を飛ばしていたら背後からサイレンの音が迫ってきた。僕はバックミラーとウイングミラーで後方をうかがいながら、ブレーキを踏んで左車線へ寄ろうとした。

すると助手席のエリックに怒鳴られた。

「このまま行けぇ！」

両親がジャマイカ出身のエリックは、ユーセイン・ボルトみたいに大きい。うちに来る友人のなかでたぶん一番筋肉がついている。目も大きい。最近薄くなってきた髪をカバーするためにペイズリー柄の深紅のバンダナを巻いているから、海賊のように見えなくもない。その日はトイレの水タンクの修理方法を教わるためにエリックに来てもらい、一緒に部品を探しに遠出をしていたのである。彼は今では自営業者になっているが、そのころはヒースロー空港近くのホテルの修繕部で働いていた。

パトカーのサイレンはどんどん大きくなる。あれに迫られると心臓に悪い。赤と青のフラッシュライトの威嚇的な光を後頭部に感じる。ほかの後続車は、ハゲタカに睨まれた渡り鳥のように順々に脱落して左車線へ寄ってゆく。僕もまたパトカーに追い越してもらうための隙間を作ろうと、ウインカーを点滅させながら左車線へ割りこみかけた。が、またエリックに叱られた。

「まっすぐ行けぇ！」

そう叫んだ彼は手を伸ばしてウインカーレバーをはねあげた。そして、「このままで問題なし」と安心させるようなことを言うけれども、こちらとしては真後ろに迫りくる攻撃的なパトカーが気になって仕方がない。

「救急車ならいいが、パトカーはだめだ」とエリックが言った。謎の理屈だが、彼のこれまでの言動からすればその趣旨はわからなくもない。

　僕はかなり動揺しながらも、絶対にパトカーに道をゆずらせる気のないエリックの凛然たる態度に感動すら覚え、「救急車ならいいが云々」という彼の理屈をせっかく瞬時にして理解した自分をしばらく尊重したいような気がした。


　エリックのガールフレンド、アイルランド系の赤毛のクリスティーヌは以前から「彼の前で人種差別の話はしないほうがいいなぁ。収拾がつかなくなるから」と言っていた。しかし、その忠告を過剰に意識すると、磁石に引き寄せられる砂鉄のように、僕は危ない話題に近寄ってしまう。エリックのほうでも僕が話しはじめた一見無害というか価値中立的な話題であっても、どこかに引っかかりを見つけてはそこを糸口にして滔々《とうとう》と自説を展開する場合がよくある。

　第二次世界大戦時における米国西海岸の日系人強制収容所に関する本を翻訳していたころ、夕食に招いた彼らにその本の部分的紹介として「日系人だけで組成した部隊があって」という話をした。ヨーロッパ戦線に送られてドイツ軍と戦った第４４２連隊の逸話だ。すかさずエリックが黒人部隊の話を始めた。第二次世界大戦のときだけでなく朝鮮戦争でもそういう隔離部隊が編成され、その扱いが非道だったことなどを。食事の内容は白人兵に比べるとひどいし、あとまわしだった、などと。

そういうとき彼はどんどん興奮し、話しぶりは加速し、途中から僕の理解力が追いつかなくなる。たいがいはクリスティーヌが割って入り、エリックの独演会にならぬよう場の空気を薄めたり攪拌《かくはん》したりする。演劇人の彼女は言葉たくみで、エリックはというと憤懣《ふんまん》の余熱を残したままショボンとして終わる。だが、そういう幕引きの際、エリックは僕のほうを見る。うちで友だちを招いて食事をするとき、エリックのほかは僕だけが非白人というケースが多い。床に目を落とすでもなく天井を見上げるでもなく、彼は僕の目を見る――わかるだろう？　というふうに。

パトカーであれ救急車であれ、サイレンを鳴らして飛んでくる緊急車両には道をゆずる、という市民常識に疑いをはさまずに生きてきた僕と違って、エリックにとって警察のパトカーは救急車や消防車とは一線を画すべき別物なのだった。彼の言い分を要約するとこうなる。

「救急車は命を救うが、パトカーはいじめだ」

ロンドンで警察が黒人男性を呼び止めて職務質問（ストップ・アンド・サーチ）する頻度は、白人男性に対する件数の十九倍になるという。黒人の犯罪件数が白人のそれに比べて多いのだから無理もないという意見もある。統計的確率からすれば黒人に対する職務質問が多くなるのは合理的というわけだ。確かに黒人による殺人件数は白人に比べると多い。といっても、それは二倍程度にとどまっている。黒人に特に多いとされる大型ナイフによる暴行も白人より一・五倍多いだけだ。

統計的確率をはるかに超えた、釣り合いを欠いた、黒人に対する厳しすぎる職務質問とは何なのか？　それは人種差別に起因するいじめでしかない。エリックが腹を立てているのはそうした数字のほか、とりわけ職務質問時の白人警官が黒人に対して示す残忍性なのだ。

地面に這いつくばらせた黒人の頭部や首に膝をくいこませる制圧テクニックは、二〇二〇年五月、米国ミネソタ州で白人警官がジョージ・フロイドを圧死させたシーンで全世界が目撃したが、あれは米国だけの特異例ではない。エリック自身も彼の家族や友人も不当な職務質問を何度も受けている。なかにはパトカーのサイレンを聞いただけで屈辱的な恐怖体験を思い出し、心的外傷後ストレス障害のような症状を示す者もいるという。

パトカーに道をゆずらぬ行為は、頑是《がんぜ》ない子どものわがままのようだけれど、ロンドンの警官の横暴さに対するささやかな抵抗なのだ。何の対抗手段もない黒人の、日常のなかでのゲリラ的抵抗なのだった。

パトカーと僕らのあいだにいた最後の一台も左車線へ寄り、ついに僕とパトカーの一騎打ちとなった。ボンネットを黄色く染めたヴォクソール（かつてのＧＭの英国向けブランド）はバンパーをぶつけそうになるまで接近してくる。サイレンに加えてクラクションを押しっぱなしにしている。僕は情けなくも簡単に根負けし、左車線へすごすごと逃げた。その瞬間、すっ飛んでゆくパトカーの警官と目が合った。怒りでめらめらと燃えている。非白人をにらみつける目だ。助手席のエリックは、この根性なしめが、というような面白くない顔をしていた。

二〇二〇年三月十日から、グロスターシャーの保養地チェルトナムでチェルトナム・フェスティバルが開かれた。大競馬大会である。競馬ではアスコット・ダービーのほうが有名だけれど、あちらは平地競走、こちらは障害競走という基本的な違いがある。

その時期は大学が春休みに入っていたので、僕の娘は競馬場のバーで三日間アルバイトをした。カウンターで飲み物の注文を取る仕事だ。

「コロナ・ビールある？」

カウンターに近づいてきた男性がにやけ顔で注文する。娘がここには置いていないと答えると男は「You, fucking Chinese!」と叫び、「コロナ・ウイルスだけか、持ってきたのは。ファッキング・チャイニーズ！」と悪態をついた。僕の妻はスイス人だから娘は日瑞《にっすい》混血だけれども、どちらかというと日本的な顔立ちをしている。

「わたしは中国人じゃありません。日本人です」と言いかえした娘だったが、差別欲望にかられた人というのは、最初の乗りで一気に興奮をつのらせ、途中で軌道修正などしないから、そんな差異は気にしない。チャイナ・ウイルス！　チャイナ・ウイルス！　とはやしてたてる。そのさまは往時のトランプ大統領である。わが娘は半泣きになる。だが、そこで一緒に働いていた娘たちがスクラム組んで反撃に出てくれた。彼女らが「レイシスト！」「あんたに飲ませるものなんかここにはない！」「出て行け！」と男に迫ると、彼は逃げ出した。

結果的にこの競馬大会には延べ二十五万人が集まってコロナ感染の一大クラスターとなり、その周辺で四十一人の死者が出るという事態を招いた。これをきっかけとしてそれまでのんきだった首相のボリス・ジョンソンは焦り、数日後の三月二十三日に全英に対しロックダウン宣言を出すことになったのである。

その後五月に入ると、前述のジョージ・フロイド圧死事件を引き金に、英国でもすぐにブラック・ライブズ・マター（「黒人の命は大切だ」）の抗議運動が広がりはじめる。ロックダウンを無視してまでの激しいデモになった。

娘の大学があるブリストルは歴史的に奴隷貿易の港町として有名で、きれいな町並みや豊かな商業活動は奴隷貿易があったからこそ、という面がある。それも年季の入った奴隷貿易港であり、早くも十一世紀ころから白人奴隷、つまりアイルランド人やイングランド人の奴隷を売買していた。本格的に黒人奴隷貿易が盛んになって英国一の取引量を誇った十八世紀半ばには、西アフリカで奴隷を仕入れてカリブ海や北米へ輸出する大西洋横断三角貿易の拠点になっていた。ジャマイカやバルバドスなどカリブ海諸島や北米（特にヴァージニア州）では、砂糖、タバコ、木綿などのプランテーションを経営していた英国人入植者にとって黒人奴隷は不可欠の労働資源だったのだ。

奴隷貿易で財をなしたブリストルの名士エドワード・コルストンの銅像が旧市街から港を臨む位置に立てられたのは十九世紀末。「最も高潔で賢明な」人物として奉《たてまつ》られたわけだが、奴隷貿易の中心人物じゃないか、と眉をひそめる向きは昔からあった。その批判的意見がブラック・ライブズ・マターの抗議運動を契機にふくれあがり、とうとう彼の銅像は台座から引きずりおろされて港に捨てられてしまった。

黒人差別問題の根っこには、奴隷貿易から英帝国時代の植民地経営、植民地終焉後の英国内での黒人労働搾取がある。そうした歴史的事実を、今更ながらではあるが人々が、特に若者たちが認識しはじめたのがブラック・ライブズ・マター抗議運動の成果のひとつだった。

思いがけなくも、奴隷貿易の中心地だった町の大学に通い（入学した時点ではそんなことは知りもせず）、抗議運動の盛りあがりにさらされることとなった娘は、コルストンの銅像の首に縄をかけて引きずりおろす暴徒の映像のなかに学友の姿を見つけて、はらはらしたり興奮したりしていたが、ある日こんなメッセージを送ってきた。

「わたしの学校の卒業生がこんな手紙を校長に送ってる」

娘が通っていたロンドン西部のセカンダリー・スクール（日本の中高一貫校に相当）を卒業した学生が、出身校の校長に宛てて手紙を書いたという。その要旨は「わたしたちは母校で黒人問題について教わらなかった」というものだ。抄訳は次の通り。

大学でポスト・コロニアリズム（植民地主義以降の諸学）を学ぶにつれ、自分を取り巻く世界の真実、自分が享受している特権、他者の苦しみについてますます意識するようになりました。わたしたちは、英国には人種差別はないと信じこまされていました。それはセカンダリー・スクールの教育が自国自賛型カリキュラムだったことにも理由があります。わたしは母校でアングロ・サクソンの歴史、封建システム、ナチスとの戦いなどについてはたくさん学びましたが、英国が数世紀にわたって音頭取りをしてきた黒人奴隷貿易、インドの破壊、非人間的な移民の取り扱いについては学びませんでした。学んだのはうわべを湖塗した英国史であり、自画自賛の歴史でした。わたしたちの社会の重要な組織に、なぜ有色の人々の数が少ないのか、二〇二〇年に至ってもなお、なぜわたしのような白人、中流階級、有名校出身者ばかりが有利な立場にいるのか、わたしには説明ができませんでした。この問題について友人たちと話し合えば話し合うほど、わたしたちはセカンダリー・スクール段階での教育を変える必要性を痛感するようになりました。こうした趣旨をギャヴィン・ウィリアムソン（当時の教育相）への請願書という形で訴える人々がすでに現れていますが、国レベルでのカリキュラム改正を待つことなく、私立校ならではの柔軟性を期待して、わたしは母校の校長へ宛ててこの手紙を書くことにしました。社会への影響力が大きく、各界で有力者を輩出し、公立校に比べればカリキュラムの変更が容易な私立校が率先垂範すべきだと思うからです。

正義感と自意識が熱っぽく混ざったこの手紙に、同校の校長は賛意を示し、カリキュラムの見直しに取りかかると約束したらしい。

ロンドンの変貌

セカンダリー・スクールに入って間もないころ、娘がｉＰｏｄを欲しい欲しいと念仏のように唱えはじめた。

僕はたまたまｉＰｏｄを持っていた。純白の筐体《きょうたい》でスクロール・ホイールがなめらかに回り、背面のステンレスが日本刀のように輝く第一世代である。さまざまな思い出のこもったガジェットではあったけれど、そのころはすでに会社勤めを辞めていたから、通勤電車の中で音楽を聴くことはもうなかった。僕は気前よく、あげようかと言った。

娘は嬉しい顔をしない。想定内の反応ではある。おさがりというのは嫌なものだ。お姉さんからのおさがりでも嫌なのに、姉のいない一人っ子の娘におさがりは突然父親から降ってくる。

「何これ？　おもいよ、おおきいよ」

確かにそのときはもうｉＰｏｄも世代交代が進み、「ナノ」とやらが主流で、重さは初代の十五パーセント程度しかない。

「いやしかし、最近のはメモリーが半導体だけどこれはハードディスクだぞ。たいしたもんだろう、こんなちっちゃな箱の中でディスクが回ってるんだ。だから音質は断然こっちがいい。それにこの背面のステンレスは鏡面仕上げだから手鏡の代わりにもなる」と非科学的な説明に熱を入れるが、彼女は日本語がわからないふりをしている。

この話題は、娘の学校の父兄会（来ていたのは半分が母姉だから適切な表示ではないが）で隣になったレバノンのビジネスマンの共感を呼んだ。彼も二人の娘にiPodをねだられてうんざりしていたのと、彼もまた新しもの好きで初代iPodの所有者だったのである。「あのホイールの静かなクリック感がいいんですよね。でもあのモデルは発売されてもう十年近くになるから、バッテリーは換装したほうがいい」。サムと名乗る彼は、背面のステンレスに傷がついた場合に、特殊な磨き粉を使うべきことまで教えてくれた。

その彼が「そうそう、iPodといえば」と話の向きを変えた。

「ご存じですか？　あのG校（数百メートル離れたところにある姉妹校）に通ってた生徒が、誕生パーティーで友だち全員にiPodを配ったという話」とサムが顔を近づけて言った。

「持つべきものは友だちですね。親じゃない」などと、僕は軽口を叩いていたが、物品をばらまくとはアン・ブリティッシュなふるまいだし、はしたないと考えていた。それも、こともあろうに最新のｉＰｏｄだ。

「誰の子だと思います？」

「さぞかし金持ちなんでしょうね」

「アブラモヴィッチです」と言って、サムはそれまで近づけていた顔をゆっくりと引いた。点睛《てんせい》を打ち終えたあとの悠揚《ゆうよう》迫らぬ姿勢である。

「あのロシア人？　あのチェルシー（サッカークラブ）を買収した？」と、今度はこちらが前のめりになる番だった。

　サムは頷いた。

「ロシア人に買収されて、チェルシーはチェルスキーになりましたがね」


　ロマン・アブラモヴィッチは二〇〇三年にチェルシーＦＣを買収して、一躍英国の有名人になった。そして翌年のサンデー・タイムズ紙によるイギリスの長者番付で一位になった。英国が度肝を抜かれた。石油で財を成したスーパーリッチの名前が「油もピッチ」というのは覚えやすい。彼の登場はロンドンの風景が変貌しはじめる時期と軌を一にしていた。風景とは町の装い、目に付くのは不動産と自動車である。

　二〇〇〇年以前の目立った高層建築というと、一九八〇年、シティのど真ん中にできた「ナットウェスト・タワー」という百八十三メートルの建物（現在の「タワー42」）だけだった。その後十年にもわたってこれが英国一の高層建築でありつづけたのだから、当時当地の保守性がよくわかる。さらに、これを超えるビルの建設はその後十年に一本、というのろのろペースだった。しかし二〇〇〇年代に入るとシティは高層建築ラッシュに見舞われ、変なビルがにょきにょき建つようになる。キュウリみたいなのとか、チーズおろし器みたいなのが。当時のチャールズ皇太子が「できものが吹き出したようだ」と酷評したのも頷ける。彼には日本語の「出物《でもの》腫れ物所嫌わず」という表現をお教えしたい。

前世紀末の最初のロンドン勤務と、今世紀明けのロンドン勤務との風景の違いはそれだ。それに加えて車格の向上。もともと車の手入れ度合いでは断トツの日本からやってきた者にとって、ロンドンの車は汚かった。ボディカラーとしてなぜかベージュ、灰色、くすんだ青が多いのに加え、ほこりだらけだからパッとしない。車に触れると服が汚れるという現象におののいた。それが多少清潔になったのはマイナーな変化で、大きな変化は高級車の増加だった。

ポルシェなどは昔から走っていたが、今では鉋《かんな》のようなフェラーリやむっちりしたベントレーがあたりまえのように走りまわっている。ご婦人方もランドローバーや、ポルシェはポルシェでもカイエンなどの大型SUVで学童らの送り迎えをするようになった。むだに大きくてじゃまなので、チェルシー・トラクターと揶揄《やゆ》される大型四輪駆動車である。

夏になるとハロッズがあるナイツブリッジ周辺でもギラギラのフェラーリとか原色のラ

ンボルギーニがドロロドロロロと唸《うな》っているのを見かけるが、あれはアラブ首長国連邦とかクウェートあたりから、夏休みにスーパーカーと一緒にやってきた御曹司の自己主張なのだ。あちらでは夏に車を走らせると鉄板焼きになるので、文字通りの避暑をかねてやってくる。彼らはエアバスのカーゴ専用機をチャーターし、一機に三十台くらい乗せて飛んでくる。ナンバープレートがアラビア語のままなのはそのせいだ。

ロンドンへの投資残高の数字では今も昔も相変わらずアメリカ人が一番多いけれど、不動産投資にかぎると中華圏（香港、シンガポール、マレーシア、中国）だけで全外国人投資の六割以上を占めるという。特に香港人のロンドン買いは英国の香港返還決定のころからぐんぐん増えていた（さらに北京の香港いじめ、かつての首相ボリス・ジョンソンの香港人ウェルカム政策発表後、この傾向はさらに加速している）。

次のグループは湾岸諸国とヴァージン諸島とかチャネル諸島などのタックス・ヘイブンから。湾岸諸国はスーパーカーとともにやってくる御曹司たちの母国だが、タックス・ヘイブンからの投資家の相当数がロシア人だといわれている。一大勢力である香港人が買う物件は実際に住む住宅中心だが、ロシア人たちは違う。投資目的かというとそうでもなく、あえていうならばロシア国内からタックス・ヘイブンに逃避させた金を「ロンドンの高級物件」に注ぎこんで保有している。彼らはロシア国内に富を保有するリスクを誰よりもよく知っている。洗浄済み資金を、モスクワよりもはるかに安全なロンドンで建物の形に変え、その眺めにうっとりする。秘密の貯金通帳をほれぼれと見つめる成金のように。

彼らは安い物件は買わない。彼らは場所と価格で物件を選ぶ。一等地とされるハイドパークの東側のメイフェア、南側のベルグレイヴィア、チェルシー、サウス・ケンジントンなど。そして六億から二十億円程度の家が、二〇一六年から二年間で千戸も売れている。簡単にいうと、大きくて高くて目立つものが好きなのだ。チェルシーやサウス・ケンジントンが人気なのは、すぐ近くのテムズ川の向こう側にあるヘリポートが使いやすいからだという。

不動産売買という大きな話ではなく、衣料・宝飾・家具といった一般消費の面でいうと、ロンドンの高級店で目立っていたのは一九八〇年代にはオイル・マネーのアラブ人、一九九〇年代にはバブル経済下の日本人だったけれども、二〇〇〇年代に入ってからはやはりロシア人、ということになるらしい。

「ロンドン貧困地図」(London Poverty Maps)という地図がある。十九世紀末に作成された社会学的に画期的な資料で、ロンドンのどこにどういった貧困者が住んでいるかが一目瞭然の地図だ。数年前、僕はこの地図を、当時の日本人留学生たちがロンドンのどこに、つまり社会階層的にどういう場所に住んでいたのかを知るために、公文書館の売店で求めた。郊外はふくまないが、ウェストミンスターを真ん中に、ロンドンの中心地をほぼ全域カバーした、色鮮やかな地図になっている。色鮮やかなのは、全住宅群が貧富の度合いによって七色に塗り分けられているせいで、その分類は次の通り。

〈黒〉＝どん底。日雇い労働者、悪徳、浮浪者、準犯罪者。
〈濃紺〉＝極貧。日雇い労働者、その日暮らし。
〈薄青〉＝普通の貧困。低収入労働者。
〈紫〉＝やや貧困。混在。
〈桃色〉＝労働者階級だが快適な暮らし。中流の下。商売人。
〈赤〉＝裕福。中流。召し使いを一、二名有する。
〈黄〉＝富裕層。中流の上以上。召し使いを三名以上有する。

これを見て明らかなように、金持ちは二種類に分かれているだけだが、「貧」の分類はこまかい。というのは、この地図を私費をはたいて作った慈善家チャールズ・ブースの目的が貧困の実態を知ることだったからである。彼は警察官を伴い、自分の足で各戸の実態調査をした。こうした仕事が救貧改正法などの制定に寄与することになる。

北をハイドパーク、東をバッキンガムに囲まれたベルグレイヴィア周辺、メイフェア、チェルシー、サウス・ケンジントンあたりも黄色に染まっているが、切り裂きジャックの犯罪現場であるロンドン東部、ホワイトチャペル地区は赤で示された裕福層と黒色の極貧・どん底が入り乱れている。テムズ南岸は全体が青黒く、やはり貧しい地域だったんだなと納得するが、ロンドン全体の印象としては、右記した黄色のエリアを除くと、「富」と「貧」がほどよく混在しているように見える。

それから百二十年が経過しても、黄色エリアはやはり富裕層の住む一等地のままであり、ロシア人やアラブ人が高額物件を求めるのもこのエリアだ。彼らがロンドンの不動産を好むのは、市場としての魅力以外に、それが彼らの国にない、あるいは失われてしまった歴史と文化の凝縮物だからだろう。初めてアスコットの競馬に出かけて感激したロシア女性のコメントが新聞に出ていた。

「まるで小説の世界です。『アンナ・カレーニナ』の。十九世紀帝政時代のロシアにいるみたい。着飾った女性たちの前を競走馬が駆けてゆく。ソヴィエト時代になくしてしまった美しいものに対するノスタルジアを覚えました」

外国人富裕層はロンドンに金をもたらしたけれども、コミュニティを豊かにしたわけではない。彼らが買った建物にはまったく人の気配がしない場合がある。長期間居住者がいなかったり、いたとしても門前に横付けされた大型車から、大きくかさばるブランド紙袋をいくつも下げて建物内へそそくさと消えるサングラス姿の女性の後ろ姿を垣間見るくらいだ。自動開閉門のついた、いわゆるゲーティド（ゲート付き）・コミュニティも増えた。

娘の同級生にトルコから来た石油商の娘がいて、彼らはイスタンブールから飛んできてすぐその隔離屋敷に収まった。何度か娘を迎えに行ったことがあるが、塀で囲まれた敷地はしんと静まりかえり、テラスに出れば眼下をテムズが悠々と流れている。ここがロンドンだということは知識としてはわかる。しかし自分が日常的に歩きまわるロンドンとは違う世界だった。娘がいなければ一生知らずに終わったロンドンだ。

ブースが作った貧困地図に現れた赤と濃紺の混在、つまり富と貧の混在はアナーキーではなく、ある種の社会的一体性を表していた。裕福な家族を支えるためにその近くに住む下働きの労働者たち。その空間的近接は経済的依存関係を示している。今ロンドンではその混在はジェントリフィケーション（高級化）という消しゴムで消されつつある。

そして、ブースの貧困地図の改訂版を今作ろうとするならば、色分けは七色では足りない。富裕層を示す黄色の上に、国際的スーパーリッチを示す金色を加える必要があるだろう。しかしブースのように家業（海運業）で得た富を社会改良のために役立てようという人物は、ロンドンに住みなす富裕外国人のなかにはいるはずもない。

この十年、ロンドンは「ロンドングラード」なる異名を冠せられてきた。スターリングラード、ペトログラード、カリーニングラードなどロシアの都市名のもじりである（グラードはロシア語で城とか都市という意味）。ロシアの飛び地になりはてた、という皮肉をこめた愛称だ。

非合法な手段をもちいてロシアで稼いだ金が持ちこまれた都市、そうした金の持ち主である新興財閥《オリガルヒ》が居をかまえた都市、という意味だけれど闇の力も一緒についてきた。ロンドンに亡命していたロシア人が放射性物質や毒薬で暗殺されている。

ロシアマネーを歓迎してきたのはサッカー界だけではなく、不動産業界、そして彼らからの巨額の政治献金を受け取ってきた政治家たちも例外ではない。

だがロシアのウクライナ侵攻を契機に、ロンドングラードの見直しが始まった。ヨーロッパのデモクラシーを揺るがしかねないロシア人の資産をロンドンの目抜き通りに、バッキンガム宮殿の周囲に置いておくのは適切なのかという疑問だ。まずは不動産の真の所有者のあぶりだしが始まっている。タックス・ヘイブンに設立されたペーパーカンパニーの陰に隠れたロシア人の特定である。これと同時にロンドン在住新興財閥の資産凍結の動きが進んだ。

二十年前にチェルシーFCを買収したアブラモヴィッチは、ロシアのウクライナ侵攻が始まった六日後、早々とチェルシーFCからの撤退を発表し、五月に四十三億ポンド（厳密には株式売却二十五億ポンドとクラブに対する十八億ポンド追加投資のコミットメント）で売却した。典型的な新興財閥である彼の資産はかたっぱしから凍結され、この売却金もその対象になったので、彼が手をつけることはできなくなった。しかし、ロシアのウクライナ攻撃の三週間も前に、アブラモヴィッチは自身のスーパーヨットやプライベートジェット、総額四十億ドルの所有権を娘たちに移していたらしい。今振り返って見ると、三女アリーナの誕生日にｉＰｏｄがばらまかれた出来事など、まことにケチな話ではあった。

リトル・ドラマーの指導

一九八九年一一月、ベルリンの壁が崩れた。

ロンドン駐在二年目の僕にとっては大事件だった。もっとていねいに言うと、壁の崩壊そのものよりは、その年の春から初夏にかけてハンガリーとオーストリアの国境が部分的に切断されたり、ぽっかり穴があいたり、あげくのはてに八月には東西住民の自由交流という「ヨーロッパ・ピクニック事件」が起きたり、鉄のカーテンが徐々に崩れてゆく過程自体が信じられない大事件だったのだ。

堤防にあいた小さな穴から流れ出した水流を止めることはできず、穴はどんどん大きくなるという予感。日本でどの程度の深さと頻度で報道されていたかは知らないが、ロンドンで読んだり見たりする報道は、ワールドカップの進みぐあいを日々追うような感じで、なんらかのクライマックスへ向かっているという実感があった。そして壁崩壊の轟きのあと、ポーランド、ハンガリー、チェコスロヴァキア、東ドイツ、ルーマニア、ブルガリアというソ連邦の衛星国だった各国でいわゆる東欧革命が起きて共産党政権が倒れていった。

　ロンドンから東欧のビジネスも見ていたから気が気でないという職業上の懸念もあったけれど、それよりもその五年前の真冬に高校時代の親友とベルリンの壁を往来してその重苦しさを全身で感じていたからこそ、あの壁が破壊されることの政治的な、というよりも心理的な途轍もなさを顔面に食らうような衝撃を受けたのである。無邪気な言い方をするなら、底意地の悪いものがぶち壊された爽快感だった。ざまあみやがれ。あの壁は物理的な意味と比喩的な意味の両方をみごとに重苦しく備えた存在だった。バスチーユ牢獄の襲撃から二百年目というのもきりがいい。

　プラハやワルシャワなど東欧諸国の事務所には共産圏時代にも出張していたが、やはり壁が崩れたとなると現地職員に訊きたいことがいろいろ出てくる。

「やっぱり喜ばしいことだったんでしょう？」と、僕はプラハ空港に迎えにきてくれた高齢の事務所職員に尋ねた。

「あまり嬉しくないね。遅すぎた」と彼はツルツルになったハンドルを握って答えた。

「わたしたちにとっては遅すぎた――まあ、息子たちの世代にとっては良かったんだろうが」

　母国が鉄のカーテンのあちら側に取りこまれなかったら自分でビジネスを興して財をなしていてもおかしくない、と噂される人物だった。西側企業に勤めることができていたという点ではましなほうだったのだろうが。

それから約十五年後の二〇〇四年に東欧諸国他がどっとEUに加盟し（拡大EU）、それ以降ロンドンで東欧人を見かけるのはあたりまえになった。だいたいが出稼ぎである。したがって東欧のなかでも裕福なチェコとかスロヴァキアとかスロヴェニアの人たちはあまり見かけない。まだまだ貧しいハンガリー、ポーランドとかスロヴェニアを除く旧ユーゴスラヴィア諸国からの人が多い。ポーランド人は第二次世界大戦時からロンドンに亡命政府を置いていたり特別な関係にあるから別格で、英国に住む外国人を出身国別に分けた場合、ポーランド人はインド人を抜いて百万人を超え、最大グループになっていた。

とてもわかりやすい現象は建築現場の変化だった。そういう現場で働く人たちをビルダー（builder）というが、最初に赴任した八〇年代末、ロンドンの建築現場のビルダーの多くがアイルランド人だった。

二〇〇〇年に二度目の赴任をしてみるとビルダーたちがポーランド人に入れ替わっていた。今でこそ外見でアイルランド人とポーランド人をなんとなく見分けることはできるが、当時はよくわからなかった。それでも違いは歴然としていた。そぶりというか立ち居ふるまいでわかるのだ。アイルランド人たちの作業現場は陽気でおしゃべりが絶えず、往々にしてラジオを大音量で鳴らしっぱなしにする。それに比べるとポーランド人たちはもくもくと働き、ラジオは持ちこまない。英語の番組はわからないという理由もあるのだろう。

勤勉な彼らは半分の給料で倍働くといわれていた。

東欧からロンドンへやってきた人たちは三種類に分かれるような気がする。ベルリンの壁崩落前からロンドンにいた第一類、それ以降にやってきた第二類と第三類。年代で区切ると一九八〇年代以前の冷戦期に来た第一類、冷戦終了後の九〇年代から二〇〇〇年代以降、東欧諸国のEU加盟以前に来た第二類、それ以降に来た第三類。

もちろんこの区別は高齢から若齢へという世代の変遷でもあるのだが、心構えの相違も感じられる。第一類というのは冷戦時代に西側へ来た人たちで、「飛びだしてきた」という形容がふさわしい諸事情を抱えている場合が多い。第二類はやっと鉄のカーテンが消滅して西側は禁断の地ではなくなったけれども渡航の制限を感じていた人々。第三類は同じEU域内になって渡航制限はなくなり、ロンドンへ行くのは生き方の選択のひとつと考える人々。

ハンガリーから二〇〇〇年代初頭にやってきたレギーナは第二類に属する。故郷の大学で数学を専攻したあと、いろいろと理由があってロンドンに来る決意を固めた。その理由は言いたくなさそうなので根掘り葉掘り訊くことは控えている。ボッティチェリが描く金髪女性のような憂いをたたえた彼女の目は、はかりしれぬ物語を秘めているように見えるのだが。

そういう種類の質問は遠慮するとして、東欧からやってきた人たちにいつも尋ねるのは、ベルリンの壁崩壊の前後で暮らしがどう変わっていったか？　誰でも訊きたくなる質問かもしれないけれど、僕がそれを知りたがるのは、ベルリンの壁を往来したときの西と東のとんでもない相違、ベルリンから列車に乗ってチェコスロヴァキアを縦断したときの風景と乗降する人々の重苦しさ、それらがあまりにも印象深かったために、ああいう共産圏的なもの、ヒガシ的なものがなくなってゆく過程、角度を変えた言い方をするならば、永遠になくならないと思われたものが消えてゆく過程とはどういう感じなのか、そこに興味が湧くからだ。たとえるならば、冬と春の写真よりも冬から春に至るコマ落としの動画を見たがる気持ち。結果よりも過程に惹かれるとでもいおうか。誰でもそうかもしれないけれど。と、余裕たっぷりの構えで言ってはみたが、日本という国もなんらかの過程にあるのだろう。

「小学校に入ったらもう共産主義団体のメンバーにならないといけなかった」とレギーナは言う。一九八三年ごろの話だ。「その組織には名前があって、英語でいったら『リトル・ドラマーズ』。服装は白シャツに青いスカーフ。そして十歳になると『ピオネール』という組織に変わって、スカーフが赤くなる」

「ソ連の地理か歴史で聞いた名前だね、ピオネール――つまりはパイオニア」

「そう、当時のソ連の衛星国にはどこにもあったでしょう、チェコにもポーランドにも」

「具体的な活動は？　ボーイスカウトみたいなもの？」

「ボーイスカウトがどういうものかは知らないけれど、軍隊の子ども版みたい。リトル・ドラマーズとかピオネールだけでなく、そもそも学校自体が小さな班、それよりひとまわり大きな集団、というふうに軍隊組織みたいな構造になっていた。国民の休日というのがあっても、ホリデーではなくて軍事教練みたいなことをやらされて」

「そういうのはベルリンの壁以降はなくなったの？」

「すーっと消えた。でも、あなたたち西側の人は壁以降なんでも良くなったと思いがちだけど、大変だったんだから」

「そうだろうね」

「経済はめちゃくちゃで失業がものすごくて。だって、首を切るという行為が正しいとされる世界になってしまったわけだから」

確かに革命直後の東欧はがたついた。当時、歴史の大転換に面食らっていた僕は会社の近くにあったLSE（ロンドン・スクール・オブ・エコノミクス）の書籍部で東欧関係の本を買いまくった。今思うとどれひとつとして役に立った感じがしないのだが、そのなかにこんな主張をしている本があった。

「生活習慣病を完治するには、それにかかっていた期間と同じ年月を要する。旧共産主義国の資本主義転換もそれと同じで、戦後からここまでの四十五年と同じ長さを折り返してやっと資本主義国になるだろう」

そう簡単にはいくまいという当時の西欧コンセンサスを、やぶ医者的レトリックを使って言ってみたような言辞である。実際にはずっと早く、あれから二十年も経たぬうちに各国ともそれなりの資本主義国になっていった。しかし最近のハンガリーやポーランドのように右翼めいた権威主義に傾いてゆく国が現れるなどとは、あの時代は誰も思わなかった。

「ロシアではかなり早い時期に後悔するというか、昔のほうが良かったとぼやく人たちがいたね」

「共産主義時代のほうが手厚く守られていたという言い分ね。それとは違うけれど面白い現象があった。東欧革命のあと、ブダペストでは通りとか広場の名前が変えられたでしょう」

「共産主義的なネーミングを消していったやつだ」

「そうそう、マルクス何とか、レーニン何とかというのを全部。それで、たとえばエンゲルス広場といってたのをエリザベス広場、十一月七日広場（ロシア革命記念日にちなんで）といってたのをオクトゴン（八角形）広場という元の呼び名に変えていった」

「エリザベスというのは？」

「ハプスブルク皇帝フランツ・ヨーゼフの奥さん。わたしたちの世代にしてみるとそれはあまりに時代錯誤でものすごく変な感じ。なのに年寄りは全然抵抗なく、というかむしろ喜んだ。ああ、昔に戻った！　資本主義だったあのころに！　って」

「なるほど、若者にしてみると、エンゲルス広場とかレーニン大通りのままのほうがなじみがあった」

「生まれたときからそういう名前でしたからね。イデオロギーじゃなくて、単に慣れの問題です」

ともあれレギーナは二〇〇二年に母国をあとにしてロンドンを目指した。

「ハンガリーがEUに加盟する前だね」

「わたしみたいに特別な手段のない女の子にとって、人気のある渡英方法はオーペア・ビザを取得することでした。男の子だってオーペア・ビザを取ってた」

「男のオーペアなんているの？」

「数は少ないけれどボーイズ・オーペアというのがいます。男の子のいる家庭ではむしろそのほうが好まれたりすることもあるし、力仕事では助かるし」

オーペア、つまり住みこみ家事手伝いというのは、受け入れ家庭の子どもたちの世話をしたり掃除をしたり、その見返りに一週百ポンドくらいのお給金をもらい、自由時間には英会話学校へ通う、というのが基本形だから出稼ぎとは違う。ただし受け入れ家庭によって命運が決まる。同じハンガリーから来たエリカという娘の最初のホスト家庭は、異様に厳しいインド系の家族で、彼女が到着するなりパスポートを取りあげた。なくすといけないから金庫に入れておく、という説明だったらしいが、エリカはそれを真《ま》に受けてはいない。彼女はつくづくホストに恵まれなかったオーペアで、次の家庭ではそこの主婦に「あなたが来てから冷蔵庫がすぐに空になる」と文句を言われた。確かにエリカはよく食べる。

「そういう意地悪ワイフがいるファミリーに当たったら地獄だわ」

「あなたはそういう目には遭わなかった？」

「別の種類の陰湿なやつ」

「陰湿ワイフか」

「いえ、そこの奥さんはやさしい人でよかったんだけど——娘がね、十歳くらいの小学生。何か指導したり注意したりするでしょう。そうすると『あなたにはそんな権利はない！』って言うの」

「どういう意味？」

「わたしにそんな口をきく権利はない、という意味」

「なんでまたそんなことを言いだすんだろう？」

「You're nobody!（取るに足らない人間）とまで言われたわ」

「それはひどい——だけど十歳の女の子にしてはませた口ぶりだな」

「わたしもびっくりした。そういう種類の罵倒が次々に出てくるんだから。貯金はいくらあるの、とか」

「子どもがひねり出す言葉じゃないね」

「そうなのよ。でも、ある日気がついたの。いつものように、『ハンガリーは貧乏だからイギリスに来たんでしょ?』という侮辱を受けているとき、近くにいた彼女の父親が笑っているのに気がついた。何ともいえない笑い方。ああ、この家ではわたしのいないところでそういう話を面白がってしてるんだなって」

「父親が喜ぶから、みたいなところもあるのかな。パパに肯定されたいというような」

「きっかけはそうでも、そういうところから差別が根をおろすのよ。人種差別の温床は家庭です。ある日、その子があんまりしつこいんでこう言ったの。『そんなことばかり言ってるとバカだと思われるからやめなさい』って。しばらくしたら父親が飛んできて、うちの娘をバカ呼ばわりしたなって本気で怒ってる。いえいえそうじゃなくて、軽蔑されるようなことは言うべきじゃないって指導したんです、と言っても通じない」

その家がどこにあるかレギーナに尋ねた。彼女はリッチモンドの豪壮な屋敷が並ぶ通りの名前を言った。その父親というのはシティの投資銀行に勤めているらしいが、旧共産圏から来たばかりの小娘に諭《さと》されて、大いにプライドが傷ついたのだろう。

その家を去ったレギーナが次に雇われたのはインド人家庭だった。エリカからパスポートを取りあげたインド系家庭と違ってその一家は大変に友好的だった。最終的に彼女は地元の私立小学校に数学教師としてのポストを見つけてオーペア稼業から卒業し、結婚した。

ハンガリーはすぐれた数学者を輩出するという評判があるけれど、レギーナもその伝統を引いているのか、教え方がうまいという評判を取った。その小学校の数学の水準がぐんと上がり、彼女が受験準備クラスを受け持った最後の年には、二十四名の卒業生のうち五名が、英国の学校番付のトップ校で超難関のセカンダリー・スクール、セント・ポールズ・ガールズ・スクールとセント・ポールズ・スクール（前者が女子校で後者が男子校）に合格した。こうした成果も評価され、彼女はやや遠方になるけれども寄宿学校入試に強いとされる別の小学校へ、破格の待遇で招かれた。

最近、レギーナはあのインベストメント・バンカーの娘を見かけたと言う。あれから十数年が経過している。もう二十代半ばのはず。大学を卒業したころだろう。美しい女性になっていた。彼女の心のなかから差別的な言葉がなくなっていればいいな、とレギーナは思った。

大地震以降

東日本大震災、あれは午後二時四十六分に起きた、と僕は正確に言うことができる。それは、何度も何度も電話をしたのにずっとつながらなかった故郷の市外局番と同じだから。イギリスからだと日本の国番号81を押したあと、最初のゼロを落として「２４６」「２４６」……

誰も出ない。つながっているのかどうかもわからない。インターネットの情報では福島県の沿岸地方をも大津波が襲ったという。母が住む実家があるのは比較的内陸だから津波は届かないだろうに、なぜ誰も出ないのか。最終的には翌日だったか翌々日だったか、千葉にいる姉からインターネット経由で事情を聞いた。

実家のある地域は建物の倒壊などはそれほどでもなかったが、断水でしばらく住めないから内陸のほうへ避難したという。母にとっては孫の、僕にとっては甥にあたる医者の卵が、自分の家族（その家は津波で浸水した）をふくめ近隣の親類を集めて車二台に分乗し、北のほうへ避難したのだと。

　だが、それから二、三日後、一行は福島県を出て北の宮城県へ移動した。原発の爆発で散った放射性物質を避けるためだという。その後、宮城県ではまだ不安なのか、彼らはさらに北上して岩手県へ向かった。まるで奥の細道である。


　二〇一一年三月の記憶はぼんやりとしたかたまりになってしまっていて、今では切り分けができない。その半年くらい前から取りかかっていた北朝鮮関連の本の翻訳がほぼ完成し、仕上げの段階で四苦八苦していたことだけははっきり覚えている。人生初の出版翻訳の仕事だったから。

　原書の著者はアメリカ人ジャーナリストで、ワシントン・ポスト紙の北京支局長をしていた。翻訳完成まぎわに疑問がたくさん湧いてきて、僕はその質問を五月雨《さみだれ》式に北京へ送り、打てば返す小気味よさで彼女から返事が来た。

　ところがある日、状況が逆転した。

　彼女から長い質問状が届いたのである。いつのまにか、彼女は北京から仙台へ飛んでいた。震災取材のため日本に来たのだと言う。なにもわざわざ北京支局長が飛んでこなくても東京支局にまかせりゃいいんじゃないの、と言うと、しばらく前に東京支局は閉鎖されて、極東の拠点はソウルに移ったと言う。理由を尋ねると、東京はもうアジアの中心ではなく存在感が薄れているので、というような言い方をした。ほかの外国メディアも同じだと。

大地震と外国特派員の撤退には因果関係など何もなく、カテゴリーとしてもまったく別物で、たまたま同じころに起きた出来事というだけの話ではあった。しかし外から見ていると、母国から何かが失われていく心細い現象がまたひとつ、と映った。

それはともかく、彼女から長い質問メールが届いた。彼女の新聞社はアジア各地に散らばる同僚を総動員して東日本大震災の取材のため仙台に集結させた。だが、わからないことが多すぎる、と言う。仙台では外国人記者を助けるボランティアがいたようだけれど、英語での情報交換が思い通りにいかない。ああそうだ、しつこい質問を浴びせてくる日本人の翻訳者がロンドンにいた。彼を使わない手はない。

彼女のメールは、僕の質問攻めに対する意趣返しのような、脈絡のなさと質問の不明さで圧倒的なものだった。単純な日本語の解説、東北地方の行政についての説明、YouTubeで拾った動画の大雑把な翻訳など。途中で、やはり彼女らに同伴して動いてくれる英語の達者な助手が欲しいということになり、誰か紹介してくれないかと打診してきた。日給はこれこれで、と初《しょ》っ端《ぱな》から具体的である。

東京在住のジャーナリストの卵で英語が抜群の青年を知っていたので、彼に声をかけた。アメリカのジャーナリストたちと働くことのできるいい機会だと思います、と。反応がないままに日が経ち、仙台の彼女らは待ち切れずに別途人材を調達した。その後しばらくして、その青年の母親からメールが来た。息子に貴重な機会を与えていただいて、という感謝の辞で始まっていたけれど、放射能の危険がある東北へ行くことを勧められても、という趣旨がていねいな言葉にくるんであった。てっきり日当の安さが理由かと思っていたので意外だった。その後、ワシントン・ポスト紙チームは粘り強く取材を続け、地元アメリカでは抜きん出た記事の連続という評価を得た。

日本発のニュースはもちろん、YouTubeなどウェブ映像の閲覧時間や検索頻度は、あの大震災を境に格段に増えた。浴びるように見た。小山のように盛り上がってくる海水の破壊力、舞台の書き割りのように崩れる家屋、笹舟のようにさらわれる車、逃げ遅れた人々。日本から最新の情報が流れてくるのはこちらの深夜以降だったから、画面の前に貼りついたまま午前二時になり、午前四時になり、朝が明けた。同じような映像を見てもしようがないだろう、と妻は心配する。同じように見える映像の中に、毎日僕は新しい情報を見つけようとしていたのだ。

延べ百時間以上は見たであろう映像の中に、心に焼きごてを押しつけられるような数秒の絵と音があった。

沿岸の町の高台から撮った映像で、奥のほうから家屋を破壊しながら泡立つ津波が押し寄せてくる。こちらへ向けて逃げてくる人々。その予想外の速度に、もうかなわぬと足が止まったように見える人。高台に立つ撮影者をふくむ数人が大声を上げて励ますが、誰かが水に呑みこまれてしまった……のかどうか、その直後に撮影者のカメラが大きく揺れ、画面は灰色のアスファルトと灰色の空を交互に映したり何人分かの靴の甲を映したり、何が起きたかよくわからない。いきなり画面が落ち着き、地面に腰をおろす老人の後頭部が写った。彼がつぶやいた。

「あーもうだめだぁ」

文字で表そうとすると、これ以外に書きようがない。文字と文字のあいだにハ行の音をかすかにはさんだような音。東北出身者の耳にしか響かないある音調とリズムがあった。関東にも関西にもない抑揚と音価は文字以上のものを伝えていた。絶望と羞恥と諦念と無力感、それらが混じり合った感情を聞き取ることができるのは同郷の耳だけだ。あまりにもわかりすぎて涙があふれた。

昼夜逆転したような日々、なじみのある住所がなじみのない風景に変わり果てたことの確認が日課になった日々、放射性物質に関するややこしい数値の意味の咀嚼《そしゃく》。

春の気配がはっきりと感じられるようになったある日、娘が友だちとコンサートへ行くことになった。妻が彼女らに付き添って出かけ、僕はコンサートが終わる夕方、車で迎えに行くことにした。僕の生活が昼夜逆転して、三週間ほど経ったころだ。

その日の午後から夜までの約六時間、僕の記憶が消えた。

深い睡眠のあと、翌日の朝、妻から一部始終を聞いて前日の行動を思い出した。いや、思い出したのではなく、彼女の解説を聞いて欠落した半日を再構成したのである。

何が起きたのか？　その日のコンサート会場への出迎えは僕ではなく、娘の友だちの父親が引き受けてくれることになった。妻はそれを僕に伝えようとしたが、すでに僕は自宅を出ていた。仕方なく彼女は僕の携帯電話にメッセージを残した。それをよく見なかったのか、それとも理解できなかったのか（ここですでに記憶はない）、僕は「今コンサート会場へ向かっている」という返事をした。「いやいや、来なくていい」と妻は返事をした。

それからコンサートが終わるまで、彼女の携帯には僕からの不在着信の記録がいくつも残っていた。コンサート会場を出てからようやく電話がつながったけれど、僕は依然として「そちらへ向かっているけど道がよくわからない」というようなことを口走っていた。最終的には娘の友人の父親が迎えに行く手筈になったことを理解して、僕は自宅へ戻ったらしい。そのあとすぐに妻、娘、娘の友人一行が家に帰り着いた。彼女たちを迎えてドアを開けた僕は、何が起きたのかわからないような顔つきをしていたという。

翌日すぐにＧＰ（家庭医）のところへ問診に出かけ、その翌週、近くの病院で脳のスキャンを受けた。さらに数日後、同じ病院の専門医の問診を受け、一過性全健忘と診断された。突然記憶が消え、自分がどこにいて何をしているのかわからなくなるのが特徴だという。そのあいだ、運動機能は正常で車の運転なども問題ない。何が原因かと尋ねると、強いストレスだろうと言われた。念のために二年に一度は脳のスキャンをしましょう、ということになった。

ある春の日の六時間の記憶がないという事実は恐ろしかった。コンサート会場へ迎えに行ったがその必要はないと言われて引き返しただけなら、一時間半くらいで済む。ところが妻の証言でその日の午後の行動を再構築すると三時間近く走っていたことになる。

「道に迷っていたようだから、それも不思議ではない」と妻は言うが、僕はかなり真剣に自分の行動を心配した。記憶がないということは、何か恐ろしいことをしていたとしても思い出せないのだ。特に運動機能は正常だというから、暴力をふるったり、極端な話、人殺しをしていてもまったく覚えていないことになる。

「誰かさんとドライブしていたとか？」と、妻は冗談のつもりで言ったのだが、僕は顔面をこわばらせ、いろいろな顔を脳裏に浮かべてみた。

妻によると（これも今になってみると漠然としか思い出せないのだが）、あれから数日間、僕は地元の新聞をあさって、ひき逃げとか犯人不明の殺人事件がないかチェックしていたと言う。今思うと笑い話だが、かなり本気で怯えていたに違いない。

それから数週間が経ったある日の夜、見知らぬ日本人女性から電話がかかってきた。

彼女はおずおずと姓名を名乗った。まったく聞いたことのない名前だ。名字は横文字だから現地の人と結婚しているのだろう。

「今、よろしいですか?」

僕の電話番号は、娘の友人の母親（日本人）から教えてもらったと言う。福島県の同じ郷里の人だとうかがったので。

三月十一日以降は、彼女もめちゃくちゃな日々を送っていたと言った。岩手や宮城のような大規模な津波の被害はなかったので当初は安心していた。しかし原子力発電所が爆発してからは恐怖の日々を送っている。ロンドンに住む日本人と大震災について話すことはもちろんある。

でも東北の人じゃないとわかってもらえない感じが残るんです。それも原発のこととなると、たとえば仙台の人には通じないでしょう?　やっぱり福島県の浜通りの人じゃないと、本気でショックを受けていないんじゃないかと思うんです。だから、同じいわき出身の方がいると聞いて……。

しばらく、親戚や知人がどこでどういう災害にあったのか話し合った。あそこのお寺の、とか、あの海岸沿いは、などと。すべての景色がすっと目に浮かぶ。次はいつお帰りですか?　今年は無理でしょう。そうですよね、来年かな?

ずいぶん長いあいだおしゃべりをしていたことに気がついた。電話を切る前に、「あんまり心配しすぎて、腹が立って、記憶がなくなったんです」と言ってみた。

「そんなことがあってもおかしくないですよね」と同情するふうに彼女は言った。故郷のイントネーションがかすかに残る言い方で。

小学校の風景

娘が卒業した小学校は一八七六年創設の古い学校である。設立者の婦人は自称チャールズ二世の子孫で、二十年間校長を務めた。

こう書くといかにも由緒正しい堂々たる学校のように聞こえるが、実態はずっと「寺子屋」であった。建物の最上階に校長一家が住み、下の二階分を教室にしていた。コロナ騒ぎが始まる直前、大手教育コングロマリットが経営を引き継ぐまでは代々家族経営だった。娘が入学したときのオーナー兼校長も女性で、彼女は一九六九年から三十二年間その地位にあり、二〇〇一年に彼女の息子がオーナー兼校長職を継承した。

娘が入学してから数年後、妻が同校の美術部門のおそまつさを嘆いていたら、「あなたが教えてみれば」と言われてパートタイムの美術教師になった。彼女はスイス国籍でイギリスの教員資格など持っていないのに、新任の息子校長の経営は自由自在だった。母親による保守的・伝統的経営が三十年以上続いたあと、彼は積極的に新風を吹きこもうとしていた。

学校とPTA主催のクリスマス・パーティーでは、校長みずからが厚化粧をして女装し、網タイツの長い脚を披露して舞台で踊っていた。こみあげる喜びを隠さずに。英国が誇る、いわゆるドラァグ・クイーン（女装パフォーマンス）の伝統なのだが、教育保守の国から来た僕は、教育者があんなことでいいのかと憤慨するふりをした。しかし周囲の保護者は大喜び。新風の吹きこみは成功したのである。

二〇〇〇年代に入ってからこれまでの二十年、この学校の何が変わったかというとまずは生徒の国籍だろう。二〇〇〇年の当初は日本人がそこそこいた。サマーフェアなどでは日本人夫人数人が出動して必ず寿司スタンドを出していた。

日本人家庭がすっと去ってゆくのと入れ替わりにロシア人家庭が増えてきた。ウクライナやカザフスタンからもやってきた。その背後で着実に数を増やしてきていたのがインド人家庭と中国人家庭だった。特に最近、香港があんなことになってからは、香港チャイニーズの転校が目立って増えた。今では英国籍と外国籍が半々くらいになっている。

イギリスの公立小学校の約四分の一を占める英国国教会が運営する小学校ほどキリスト教色は強くないけれども、同校も歴史の古い伝統的な小学校だから、基本的なモラルはキリスト教的であり、集会で賛美歌をうたう機会も多い。

そうした創設百数十年来の伝統と、最近顕著になってきた生徒の国籍・人種の多様化と、どう折り合いをつけるのか？

非キリスト教徒の家庭であっても、キリスト教は悪いことを教えるわけではなし賛美歌もうたって楽しければそれでいいんじゃないの、と寛容な態度を取ることが多い。日本人家庭などはその典型だろう。

しかし厳格なユダヤ教の家庭の子となるとそうはいかない。ある男子生徒の両親は、息子が学校で賛美歌をうたわされることに抗議し、教室内で息子の近くに聖書（新約）があることにも文句を言った。結局学校側は、その生徒を聖書が入った本棚から一番遠いところにすわらせ、朝の集会などでの賛美歌の時間には、口をつぐんだままでいいことにした。イスラームの家庭からも同様の処遇を要求される。

イスラームといえば、ラマダーン（断食月）の約一か月間は大変だ。昼食時、クラスメートがみんな食堂へ向かうのに、イスラームの子どもたちだけは校庭でぶらぶらしたり、図書館で本を読んだりする。

宗教の違いに応じて学校側が対応を変えるのはまだ簡単で、ややこしいのは、一部は宗教の要請ゆえの場合もあるけれど、生徒たちの食事制限である。食品アレルギーで死ぬこともあるから学校としては厳格に対応している。教師は皆、二百人の生徒の「食べてはいけないもの」リストを持っている。ナッツ類はもちろん、クルミ、生卵、珍しいところでは根菜というのがあった。

そして、これだけ違う国籍・人種がそろうと、学童レベルとはいえ露骨な人種差別がぽろりと出たりする。最近の例で二番目にひどかったのが、白人（イギリス人とオーストラリア人）の少年二人が、インドから来た女の子をつかまえて「おまえの顔はウンコ色！」とやってしまった事件である。

当然インド人の両親は烈火のごとく怒り、長文の抗議書を校長宛てに書いた。校長は二人の少年を呼んで懇々と諭した。そういうときのこの国の教育的指導は徹底している。理路整然、反論の余地なし。人種差別的言動の具体例が山のようにあるからだろう。その効果はまた別の話だが。ここで少年二人の親の反応がまるで違った。

イギリス人の両親からは、「あのような暴言が許されてはなりません。息子にはうちでも厳しく説教をしました。引き続き厳格な指導をお願いします」という返事がきた。しかし、オーストラリア人家庭からはこういう反論が届いた。「子どもの悪口の言い合いをいちいちとがめる必要はない。人種を侮辱したわけではなく顔の色についてちょっと汚いコメントを放っただけだ。しょせん校庭でのこぜりあいではないか」と、大胆不敵な意見書である。オーストラリアだったら、この程度のことを人種差別問題などとあげつらったりはしない、と言わんばかりの調子だった。

一番ひどい例というのは、ナイジェリアから引っ越してきたばかりの黒人の女の子を、数人の男児が「モンキー、モンキー」とはやしたてて追いかけまわした事件だ。その女の子は体格が堂々としていて、これにかなわぬ白人のチビども（中国人一名をふくむ）が集団でかかったと見てよい。このときもまた、いじめっ子一同が校長室に呼ばれて厳しい指導を受けた。そしてこのときもまた、各児童の親たちからメールが届く。教師らが感心、というよりもホッとしたのは香港から来た中国人生徒の親からのメール。

「校長先生をはじめ皆さまが厳しく叱ってくださったことに感謝いたします。こうした悪事はその場ですみやかに罰せられなければなりません」

これとは正反対のメールが、イギリス人生徒の母親から届いた。

「友だちを動物の名前で呼ぶのは必ずしも差別ではありません。ウマ、ロバ、キツネ、ペンギンなど、さまざまな動物にたとえられるケースは普通にあります。親しみをこめてニックネーム代わりにする場合だってあるのです」

この認識違いのひどさにあきれた学校側は反論した。黒人をモンキーと呼ぶのは、白人をウマ、ロバ呼ばわりするのとは全然違う、唾棄すべき人種差別的表現であり許されることではないと。

補足しておくと、ヨーロッパ文明では中世から猿は悪魔的で好色な動物とされていた。十七世紀以降はサハラ砂漠以南には人間とも猿ともつかぬものが棲息している（人間と猿の混淆《こんこう》を暗示）というイメージが浸透し、そのとどめは猿は人間へ進化できなかった生き物だという考え方であり、よって黒人を猿呼ばわりするのは「人間以下」というに等しい（このような蔑視が浸透していたからアフリカ人の奴隷化にためらいがなかったともいえる）。極東で猿呼ばわりする・されるときの侮辱度とは文化的・歴史的に根本的に違う。イギリスのサッカーの試合では、観客が黒人選手にバナナの皮を投げつけただけで以降入場禁止になる。バナナ→猿の好物→黒人蔑視、という連想の回路があるからだ。

だがこの母親はますます好戦的になり粘着してきた。インターネットを探しまくって、「黒人を猿と呼ぶことに差別的意味はない」という主張を補強する人類学、社会学、生物学的サイトからのドキュメントを集めて学校に送った。学校側は、そうした価値観を受け入れることはできないという最終意見を返した。同意してくれないならば当校を去ってもらっても構わないという含みをこめて。

東日本大震災の直後、この小学校ではツナミごっこがはやった。正確にいうと、原型はレッド・ローヴァーという名前の陣取りゲームである。花いちもんめによく似たゲームで、二チーム五人から十人くらいずつに分かれ、それぞれのチームはしっかりと手をつないで横一列になり、同じように横一列になった相手チームと五メートルくらいの距離を置いて向かい合う。花いちもんめでは、相手チームから横取りしたい子をお互いに名指して、その二人にジャンケンをさせて負けた子を自陣に取りこむ、それをくりかえして勢力拡大を図るのが目的だ。レッド・ローヴァーはそんなまだるっこしい平和的な儀式はすっとばし、挑戦者が相手陣内に突撃して相手を倒せばその子を捕虜として自陣に持ち帰ることができる。逆に突進した子が相手に捕まってしまえば捕虜になるという、かなり荒っぽく危険なゲームである。

ツナミという単語は十九世紀末から英語の世界に現れてきたが、子どもの世界のボキャブラリーではない。だが、二〇〇四年のスマトラ島沖地震で発生した津波で英国人百数十人が死んだこともあり、子どもたちもツナミという言葉を覚えた。そして、敵味方が波状攻撃をくりかえすこのゲームは津波に似たところもあって、同校では「ツナミ」という別名を得た。そこへ東日本大震災である。

校庭で生徒たちがツナミごっこをしているのを、僕の妻が眺めていた。左右に分かれてルールの確認をしているとき、スポンジ・ボブがどうしたこうした、という騒ぎ声が聞こえた。そんな嬌声を上げながら、何人かの男児が身体をぶるぶる震わせて、次々に地面に倒れるまねをしている。それから例の陣取り合戦が始まる。突っこんでいって相手の餌食になる子もいれば、捕虜をぶんどって凱旋する子もいる。しばらくすると、一方の陣地には三、四人しかいなくなり、これで勝敗が決まった。そんなゲームを何セットかやってエネルギーを発散させたあと、シャツを整える子どもたちのかたわら、両手を前に差し出して「チャリティ！　チャリティ！」と義援金集めのまねをする子どもたちがいた。その子たちが寄ってくると、ほかの子らはツナミの被害者のために浄財を寄附するまねをする。

妻は最後のチャリティの場面でほほえんだ。いかにもイギリスらしい風景だ。そばに別の教師がいて、彼女も笑っている。妻は彼女に尋ねた。

「あの、ぶるぶる震えて倒れるのは何だったの？」

「娘さん、いなくてよかったわね」と同僚が眉をひそめて言う。「あれは地震で倒れる日本人だそうよ」

妻は芸のこまかさに驚いた。が、同僚はこう続けた。

「スポンジ・ボブって言ってたでしょう？」

妻は何のことかわからなかったと言った。

「アメリカのアニメの主人公で、全身が黄色いスポンジの少年で」

「ああ、それを日本人にあてはめて……」

遊びのなかにチャリティが出てくるあたりのイギリスらしさに感心した妻だったが、人種差別の悪ふざけが出てしまうのもイギリスらしいと感じた。英国社会の縮図みたいだ。

そのエピソードを聞いた僕は妻に尋ねた。

「スポンジ・ボブの話って子どもらの発想かな？」

「たぶん違うでしょう。父親か誰かが地震報道を見ながら言ったジョークじゃないの」

最初のほうで書いたように、この小学校はコロナ騒ぎの数か月前に大手コングロマリットに売却された。二〇一九年の秋のことだ。コロナ禍によって学校経営が大変な事態を招く直前に所有権を手放した前校長を指して、あの人は強運だとか勘が冴えているという人もいたが、学校としても大資本の傘下に入ったことは幸運だったかもしれない。コロナ禍での私立校の経営は、誰も経験したことのない困難の連続で、個人経営では破綻していた可能性があったから。

学校閉鎖になる直前三週間は幸か不幸か春休みだった。この間、教師たちは休み明けの学校閉鎖に備えて、オンライン授業の訓練を受けている。ズームの使い方という基本から始めて、教材のアップロードの仕方、ライブ映像教材の作り方、などなど。

こうして二〇二〇年四月上旬から一斉にオンライン授業が始まった。

教師たちの仕事量は倍増した。オンライン用の資料作成のために真夜中まで働き、うまくできたかどうか不安な資料を午前零時過ぎにアップロードしようとしては失敗する。僕の妻は美術教師だから、絵の描き方とか工作の手順をムービーとして作らざるを得ず、自宅内にミニスタジオみたいな場所を作って奮闘していた。音楽とドラマの教師も同じ羽目に陥っていた。紙と鉛筆でいける算数とか英語などの一般科目に比べて芸術系教師の負担は数倍あったのではなかろうか。

オンライン授業がそろそろと船出した。早速生徒の親たちが抗議してくる。授業料を全額払うのはおかしいと言う。学校に通って教師から直接教育を受ける対価としていくらいくらの授業料だろう、という主張が主だったけれど、家庭によっては、授業終了後もクラブ活動で子どもたちを「預かって」くれるところに価値を置く人たちもいて、そういう家の苦情は露骨だがわかりやすい。「預かってくれているから高いお金を出している。子どもがうちでゴロゴロしているなら、満額を払う気はない」

さまざまな苦情に個別対応していてはらちがあかないので、学校は授業料の二割減額という対応をした。深刻だったのはコロナ禍で失業したり、自営業収入が急減したような家庭で、彼らは仕方なく子どもたちを公立校へ転校させた。前述の、こんな授業に対してこんな授業料はべらぼうだと考える親のなかにも公立校移籍組がいる。

これとは正反対に、公立校からこちらの私立へ転校してくる子どもたちも何人かいた。学校閉鎖以降、オンライン授業をまともに提供できた公立校は少ない。理由は二つ。公立校に子どもを通わせる親は学校にプレッシャーをかけてこない。授業料に見合う教育を続けろ、という文句が出てこないのである。もうひとつは公立校に通う全生徒の家庭に、必ずしもコンピューターやｉＰａｄがあるわけではなく、あってもブロードバンドなどネット環境が満足でなかったりして、オンライン授業を平等に展開することができない。家庭インフラの優劣がむきだしになる。というような理由があり、公立校は授業内容を紙で送付するだけで済ませ、これをリモート授業と称した。それも頻度は週に一、二回のみ。さらに、教材を送りっぱなしで教師と生徒の対話はない。一方、私立校では毎日オンライン授業をしていた。この違いに危機感を抱いた経済的に余裕のある両親が、子どもたちを私立校へ転校させはじめたというわけだ。

ロックダウン以降、私立校と公立校の学力格差が顕著になってきた。学校閉鎖中の対応の相違がじわじわと効いてきたのである。妻が勤務する小学校は、コミュニティ全体の教育程度の低下を危惧し、近所の公立小学校にオンライン授業の提供を始めた。ミニムービーで指導する芸術系の授業は、生徒が二十人だろうと二百人だろうと変わりはない。一対一の個別指導は無理だけれど、おすそわけ「放映」なら追加コストなしでできる。英国政府のコロナ対応緩和によって、学校の閉鎖はなくなったけれども、過去の二年間で露わになった私立校と公立校の格差が、階級格差拡大の新たな要因になりつつある。

コロナ禍は、社会の襞《ひだ》に隠れていた格差、矛盾、不満、不合理を可視化する現像液の役割を果たした。この国の場合には、二〇一六年のEU離脱投票前後から英国例外主義がふつふつと湧いてきていて、二〇二〇年当初のコロナ禍対応には英国だけは大丈夫という姿勢が透けて見えた。優越性の幻想である。

実はこの小学校の教師のなかにも外国人生徒の増加を好まない人たちがいた。自国の優越性をむきだしにしたりはしないけれど、英語のわからない子の比率が増えると、教育レベルが全体に低下するという言い方をして憂い顔をしてみせる。そうした英国中心主義の見え隠れもEU離脱投票前後からの現象だった。その時期に英国政府が「英国の価値(British Values)」なるものを喧伝《けんでん》しはじめた。

教育現場への浸透を目指したもので、教育基準局が校内に啓蒙ポスターを貼るように指導した。ユニオンジャックの英国国旗の下にこれこそ英国の価値、と四つの価値が大きく書かれたポスターである。

四つの価値とは、（1）民主主義、（2）法の支配、（3）個人の自由、（4）信仰・信条の異なる者に対する尊厳と寛容。

わが妻は腹を立てた。

列挙された諸価値に文句があったのではない。あたかもそれらが英国独自のものであるかのような得意顔にカチンと来たのである。

早速彼女はいろいろな国の国旗を作って英国国旗のまわりにべたべたと貼りつけた。そして「英国の価値」という言葉の真ん中に「とその他多くの国々」という文字を割りこませた。

新しい標語はこんなふうになった。

「英国――とその他多くの国々――の価値」

ぶさいくなポスターになったけれど、生徒からの評判は上々だったという。

「どうして生徒が喜んだの？」と僕は尋ねた。

「自分の国の旗を見つけて、ああ、わたしの国もそうなんだ、って」

ハリウッドからロンドンへ

外国に長く住んでいる外国人というのは——いや、この表現は紛らわしい。言い直そう。母国を離れて異国に長く住む人、つまりその地にあっては外国人である居住者は、えてしてその国で起きた出来事を順序よく覚えていることが多いような気がする。

僕自身を例に取れば、一九九六年にネルソン・マンデラが女王に会いに来たとか、二〇〇一年にBBCのビルにIRA分派（アイルランド共和軍の分派）が自動車爆弾を仕掛けたときの爆破音はここまで聞こえましたね、とか、二〇〇九年の大雪は交通が全部止まってすごかったたな、などと英国人の同僚とか隣人に話しても、はあはあそうだったかなぁ、という薄らぼんやりした反応しか返ってこなかった経験がある。

僕たち外国人居住者は、心の中にずっと「旅日記」を秘めているのかもしれない。母国の家族や友人に宛てて、こんなことがあったよと書き綴るせいで記憶に刻まれやすいのかもしれない。

ここまで書いてふと思い出したのが、横浜に住んでいたときに知り合った英国籍の老婦人のこと。彼女は日本人男性と結婚してその時点ですでに在日五十年が経過していた。その彼女がときどき繰り出す六〇年代、七〇年代の記憶は当時の『アサヒグラフ』のようで、僕の記憶よりもきちんとしていた。

「アータ覚えてらっしゃらない？　おいくつでした、その時分？　十歳？　じゃあ無理ねぇ」

わたしはこのまま日本で死ぬつもりですといった彼女は、僕らがロンドンに住んでいたと知ると「じゃあイギリスの味が懐かしいでしょう」と冗談のようなことを言い、「国から送ってきたものだけど、お持ちなさい」と英国名物ポッティド・ビーフ（コンビーフに風味をつけて煮潰したようなもの）の瓶をくれた。家に帰って台所の照明でまじまじとラベルを見ていた妻が、「ベスト・ビフォー（賞味期限）一九八〇年！」と絶句した。一九九八年の話である。

アメリカ人のアリソンがロンドンにやってきたのはずいぶん昔だ。当地に住む外国人の友人のなかでは最も居住期間が長い。したがって、彼女の物語はロンドン年代記のようなおもむきがあって興味が尽きない。ただ、奥ゆかしい芸術家なのでペラペラとは語らず、二年に一回くらい面白い話を聞かせてくれる。彼女は二十年前に作った地元アーティスト・グループの仲間でもある。創設メンバーは六人だったけれど二人が逝去、一人がスコットランドへ移住してしまい、僕と妻とアリソンだけが残った。

ハリウッド育ちのアリソンがロンドンにやってきたのは一九六二年のこと。それも春休みの家族旅行として。一九六二年というのは他の年同様いろいろなことのあった年だが、当時世界最大（船体全長において）の客船、フランス号が就航した年でもある。同船の初航海は母港フランスのル・アーブルからニューヨークへの大西洋横断で、アリソンは両親と妹とともに、ニューヨークからフランスへ帰るフランス号に乗って大西洋を渡り、英国のサザンプトン港に着いた。一般旅客の大西洋横断が空路に取って代わられる数年前のことだ。

「船旅とはロマンチックだなぁ」と僕はうらやんだ。

「あのころはまだそれが普通だったのよ。大西洋を越えるのにみんなが飛行機を使うようになるのは、もう少しあとでしょう」

「何日かかったの？」

「五日くらいかな」

何よりも、おろしたての客船の匂いにうっとりしたとアリソンは言う。真っ白でピカピカでメタルの部分ですらかぐわしい。「新車の匂いってあるでしょう。あれに似てる」

サザンプトンの港にはアリソンの四つ上の異父姉、ジャンが迎えに来ていた。アリソンの母親は以前別の男性（本稿後半に現れるテッド）と結婚していたが離婚し、アリソンの父親は再婚相手だった。ジャンは前の年にロンドンのスレイド美術学校に留学していた。全身黒ずくめとなって現れた娘に母親はびっくり仰天する。だが黒ずくめは娘だけではなかった。船を降りて駅へ行くまで、初めて降り立った英国の住民は皆黒っぽい服を着ていた。カリフォルニアではあり得ない風景だった。葬式以外には。

一家は鉄道でロンドンを目指した。

「サザンプトンから汽車でロンドンに近づいてゆくでしょう。田園はそれはまあきれいなのに、ロンドンに近づくにつれてみすぼらしい長屋がずっと続く。赤レンガといってもアメリカのと違って皮膚病にかかったような具合だし、白かっただろう漆喰も灰色だし」

ちなみに、アリソンにしても両親にしても鉄道列車に乗るのはそれが初めてだった。アメリカが車社会だったというだけでなく、かの国の鉄道は貨物と牛馬を運ぶ運送手段だったのである。

「あのときの旅のイメージというのは、天然色のカリフォルニアから無色のロンドンへやってきたという感じね。カラーテレビの世界から白黒テレビの中へ入っていったみたいな」

一家はロンドンの宿をあちこち移動したあと、サウス・ケンジントンに落ち着いた。彼女たちはその宿で二週間を過ごしたが、ここで母親が変なことを言いはじめた。

「ロンドンってとてもいい町よね」

アリソンと妹はテレビを見ながらフンフンと頷く。アリソンは、日本でいえば小学校の六年生くらいだった。妹は三年生。

「ハリウッドより面白いでしょう？」と母親が重ねて言う。「美術館も博物館もあるし、いつもコンサートやミュージカルをやってる。デパートもすごいし何でもある」

それはすべて事実だった。六年生のアリソンの目には確かに田舎くさいハリウッドよりは都会感があって面白そうだった。妹はホームシックにかられてメソメソしたが無視され、母親は「ということでロンドンに住むことに決めました」と宣言した。

急遽《きゅうきょ》父親は勤務先の保険会社から退職すべくアメリカへいったん帰国した。生活の糧としては、向こう半年は生きていけるであろう貯金と父親が八方手を尽くしてもぎ取ってきた退職金がとりあえずの頼みだった。母親は早速職探しを始め、美術学校にリトグラフ教師としての職を得、同校にシルクスクリーン科を作ってしまう。

やや脱線するが、アリソンの母親というのは面白い人で、もともと陶芸家だった。真珠湾奇襲攻撃のあと日本とアメリカが交戦状態に入ると、それまで西海岸で人気だった日本人形の輸入が止まり、オリエンタル物品販売業者が困りはじめた。それを聞きつけたアリソンの母親は、わたしなら作れると日本人形の製作を開始。これが当たって工房を開き、十数人を雇って安定生産を始めた。次第に、日本人形よりも他の製品、日本風の花瓶とか茶碗のほうが主力製品になっていったらしいが。

ともあれ、旅先で永住を決めたアリソンの母親はそんなぐあいに、思い立ったが吉日タイプの人だったのである。


今から数年前、アリソン夫婦ほか数名を招いた夕食の席で、アリソンが夫君に向かって「それはノルマンディーで撮影していたときだと思うわ」と話しているのを小耳にはさんだ。フランスで親戚の誰がどうしたこうしたという話。

興味津々「ノルマンディーで誰が何を撮影していたって？」と訊くと「『The Longest Day』って知ってる？」と問い返された。

「もちろんだよ。『史上最大の作戦』でしょう？（と日本語訳で言ったわけではないが）。あの映画にどう関係してるの？」

「義父のテッドがあれの美術監督だったの」

テッドとは前述の、サザンプトン港に黒ずくめの服でフランス号を迎えに来ていた異父姉ジャンの実父である。テッド・ハワースというその人は、マリリン・モンローの『お熱いのがお好き』などでも美術監督をしている。そのころはすでに二人目の妻と結婚していたようだが、ノルマンディーでのロケ以降フランス贔屓《びいき》になる。そして、アーティストだから南仏行きは必須だ。当然のごとくフランスを南下してエクス・アン・プロヴァンスへ向かい、一軒家を借りて住むことにした。だがこの美術監督、なかなか好みにうるさい人だった。ある部屋の壁に描いてあった絵が気に入らずペンキで塗りつぶし、自分好みの部屋にした。

後日ある事実が判明する。その家はセザンヌが住んだことのある家で、壁画はセザンヌが描いたものだった。

ここからは二説に分かれる。第一説、テッドはそれを知っていて塗りつぶした。第二説、テッドはあとからそれを知ったが平気な顔をしていた。あの人の性格なら第一説ね、と彼と苦々しい離婚体験をしているアリソンの母親などは言うらしい。

「美術史家に教えたらすごいことになりそうだ。ペンキの下からセザンヌの未知の作品を掘り起こしたとなれば――誰にも話したことはないの？」

「ないでしょう。家族の内輪でだけ」

「ひと儲けできたかもしれない」

「壁は家主のものですからね、こっちには関係ない」とアリソンはいつものようにクールである。

そんなふうに、わりと華やかな話題の多い義父家庭と違い、唐突に母国アメリカを捨ててロンドン永住を決めたアリソンの父母は、地道に働きはじめる。父親は保険会社に勤めていたがもともと芸術家肌で、サラリーマンは仮の姿というような面があったらしい。木工も得意で手先が器用だったこともあり、妻と同じ美術学校に職を得ることができた。実際には妻の下働きとしてこき使われていた、という説もある。

アリソンと妹のロンドン暮らしは、当初の印象通り白黒テレビの世界として始まった。とりわけ一九六〇年代のイギリスというのは経済成長が長期停滞した、いわゆる英国病が始まった時期だ。カリフォルニアン・ガールズ姉妹にとっては暗く冷たい異国である。六〇年代初頭のビートルズ、ローリング・ストーンズ、ザ・フー、キンクス（異見はあろうが一応六〇年代の英国四大ロック・バンド）たちが現れた背景はこういうものだった。ビートルズが武道館で公演した高度経済成長下の日本とは、雰囲気が大違いだったのである。

それに加えて一七四〇年以来の大寒波が一九六二年から六三年にかけてイギリスを襲った。一九六三年一月にローリング・ストーンズはロンドン西部のイーリングでライブを開いたが、寒波と雪のせいで客は二人しか来なかった。アリソンたちが住んでいたキングス・ロードからスローン・スクエアにかけて積もった雪が凍りつき、車は一切走らなくなり郵便配達がスキーでやってきた。彼女たちにとって、生まれて初めてナマで見るスキーヤーだった。母が言うとおり「何でもある」ロンドンだった。

アリソンはスローン・スクエアにある女子校に入学した。当時ロンドンで流行していたトリアング・スクーターであの周辺を走りまわっていたという。アメリカ人の子どもたちが多い地区だがその大半は大使館や米国企業に勤務する、いわゆるエクスパットの娘たちであり、彼女たちは数年のロンドン暮らしのあと帰国していく。

永住を決めた両親の娘であるアリソンも、ロンドンは美術を極めるには悪くない町だと、美術館やギャラリー、アートイベントに足を運びはじめ、セカンダリー・スクール卒業後は世界的に有名な美術学校、セントラル・スクール・オブ・アート・アンド・クラフツへ進学する。四年先に美術学校に入学していた異父姉のジャンはよき先輩であり、ロンドンのアートシーンへの導き手だった。いわゆる「スウィンギング・ロンドン」というアート・ムーブメントの真っ只中へ。

アートは花咲き、海外メディアもロンドンを世界の首都と讃えた一九六〇年代後半だったけれど、うわべの華やかさとは裏腹に、社会的・経済的問題が山積する英国は「ヨーロッパの病人」と呼ばれはじめる。

アリソンが美術学校を卒業後、マダム・タッソーの蠟人形館に職を得たころは英国病花盛りの時期だった。彼女は蠟人形の頭部製作担当として、あの建物の屋上にあるアトリエで働きはじめた。屋根がガラス張りになった快適なアトリエで、夏は日光浴を楽しんだが、冬は結構つらかった。頭部の作製にあたっては最初に粘土で形を作っていくのだが、冬は粘土が冷たくて指先がかじかんでくる。

まだまだ英国病が終わらない一九七三年から一九七四年にかけて、悪名高き「スリー・デイ・ウィーク」が始まる。そのときも、アリソンはマダム・タッソー館で蠟人形を作っていた。何が「週三日」かというと、石炭労働者のストライキのせいで安定的な電力供給がままならなくなったため、電力の供給を週三日だけに制限したのである。残りの四日は完全な停電状態（病院やスーパーマーケットなどは例外）となり、オフィスではロウソクやキャンプ用のランプで仕事をした。ロンドン全体が戦時下を思わせるブラックアウトになり、あちこちの窓でロウソクの灯りが揺れた。

暗いロンドンで、アリソンは海が懐かしくなった。ウェストコースト生まれの血が騒ぐのか、彼女は仕事をやめ、母と妹をロンドンに残し、数年間の予定で南米へ向かった。

アリソンの母親が興味深い人だということはすでに書いた。その先祖をさかのぼってゆくと、これまた興味深い。アリソンの高祖父（もっと前かもしれない）はそもそもイギリス人だったという。しかしイギリス人がアメリカに移民としてやってきたというありきたりの話ではない。

彼はイギリスのプレス・ギャングに誘拐されてきたのである。プレス・ギャングというとヤクザな新聞記者みたいに聞こえるが、そうではない。もっと怖い。圧力（プレス）をかけて青壮年を船乗りや兵士として集める徴集隊のことをいう。元はというと、英国軍がナポレオンと戦う兵士を集めるための強制徴募だったが、のちに米英戦争で英国軍側で戦わせるために投入しようと男たちをかどわかし、金をちらつかせ、ときには暴力を使って英国本土で駆り集めるようになった。驚くべきことにこの人さらい集団の活動は、「お国のため」と見なされて合法だった。

「波止場で飲んだくれていたところをさらわれたのね、きっと」と、アリソンは泥酔する先祖に思いを馳せる。

こうして彼はプレス・ギャングに捕まり、アメリカ行きの英国海軍の船に乗せられた。当然英国軍兵士として戦うべくアメリカに上陸したのだが、しばらくして彼はアメリカ軍に寝返って英国軍と戦うことにしたという。臨機応変の血筋が見て取れる。

十九世紀初めの話だ。海がおだやかならば六週間程度で大西洋を横断できたが、荒れていると二か月以上かかった。それからおよそ百五十年後、自分の子孫が豪華客船で彼の祖国へ帰還するなどと、彼は思いもしなかったろう。

お辞儀とアペリティフ

もう十年以上前にやめてしまったが、しばらくのあいだ近所のテニス・クラブに入っていた。とはいっても娘にテニスの手ほどきをするのと、妻と途切れがちな打ち合いをするくらいで、熱心なメンバーとはいえない。というか、あんまりうまくないのである。

家から歩いて五分もかからない、住宅地のど真ん中に隠れた六面コートのクラブだった。フェンスの外の草木の茂りぐあいは大変なもので、キツネの一家が住んでいる。彼らは夜になるとここから出動し、われわれの家のゴミ箱あさりをする。通りに面していないからとても静かで、週末以外の午前中などは、昼も夕もティアドロップ型のサングラスをかけたままの毛深いコーチが、きつくなったテニスウェアを着た主婦たちを相手に指導しているくらいのものだ。

ある夏の日、汗まみれになって壁打ちをしていると、別の毛深い男がラケットをくるくる回し、笑いながら近づいてきた。

「僕のほうが壁より面白いんじゃないかなぁ」とニヤニヤしている。

確かにそれはいえるかもしれない。最初から理由もなく愛想のレベルを超えて笑っているのだから、この男には何かがある。名前はダヴィと自己紹介した。

ラリーを始めてすぐ、ダヴィのうまさがわかった。どんな位置からでも僕の右足前方に、一定強度の球をきれいに返してくれる。僕の球はというと、予測不可能な花火のようにあっちこっちに飛ぶ。ダヴィもあっちこっちに走る。ラケットを握っていなかったら、その姿は異様である。初対面の人をしごいてはいけないとは承知しているが、意図しているわけではないからしようがない。それでもめげることなく、きれいに返してくるのだからよほどの人格者に違いない。

その昔、就職したばかりのころ、結婚したい女性を見つけたらテニスに誘え、という助言をされた。球の追い方、返し方、粘り方でだいたいわかる、というのだ。こちらの人格をさらけだして愛想をつかされる可能性だってあるというリスクに気づかぬ、間抜けな助言ではあったが。

だが、物事には限界がある。結構長く続いたラリーも、僕のフェンス越えで終わった。ダヴィは汗まみれになって荒い息をし、もうやりたくないという気配が濃厚だった。どうやら僕のほうが多少若いらしい。ダヴィはブラジル人だった。

彼も、アメリカ人のアリソンやあとで語ることになる香港人のオリヴァーのように、少年時代にロンドンへやってきたのだが、彼の家の歴史はこの二人よりもっと昔までさかのぼる。

　ダヴィが知るかぎり、彼の父方の祖先は一四九二年のスペインまで辿ることができる。それ以前からスペインに住んでいたのだろうが、はっきりと年号をいえるのは、「レコンキスタ（国土回復）」終結の年からだ。

　それまでスペインはカトリック、ユダヤ、ムスリムが共棲する幸福な土地だった。だがその年アルハンブラ勅令が出され、ユダヤ人たちはムスリムと共にスペインから追放された。ダヴィの先祖もスペインを去ってポルトガルに脱出。ところが同国もスペインをまねて、一四九七年にユダヤ人を追放する。ここからはオランダへ逃げたユダヤ人と大西洋中央に位置するアゾレス諸島へ逃げたユダヤ人とに分かれるが、ダヴィの先祖は後者だった。同諸島の島の中には、ポルト・ジュデウ（ユダヤ人の港）という名前の町もあるくらいだ。

　ブラジルが「発見」されるのは一五〇〇年。アゾレス諸島からブラジルへ向けての移民が本格化するのは十八世紀に入ってからで、そこにダヴィの先祖も交じっていた。そのころ、彼らはすでにキリスト教に改宗していた。このキリスト教に改宗したユダヤ人のことを「マラノス」と称するが、それはスペイン語で豚という意味だ。

　そこからおよそ八世代あとの子孫、ダヴィの父親はサンパウロからカリフォルニア大学へ留学し、ブラジルへ戻ってきてサンパウロ大学の建築科の教授になる。

「ところが一九六四年に親米反共の将軍カステロ・ブランコがクーデタを起こして、ブラジルは軍事独裁政権になった」

ダヴィと知り合って何年か経ったあとの夏の日、彼がみずから設計した素晴らしい庭の片隅で、簡単なブラジル史を教えてもらった。当時、彼はまだセカンダリー・スクールの教師をしていたが、造園と建築に関してはプロ並みの知識を持っていた。ロンドンであちこちの住宅の改築を手がけ、現在の自宅の庭は、単なる荒れ地を楽園に変貌させた傑作である。建築とか造園が専門かと思っていたが、ロンドン大学では工学部にいた。だが、彼の父親が建築士でかつ建築科の教授だったと知って、ある程度納得した。

「独裁体制になって父は絶望した。たぶんそのときからブラジル脱出を考えていたんだと思う。手始めにしたことは、僕をカリフォルニアの寄宿学校へ送り出すことだった」

十三歳のダヴィはパサデナへ旅立った。親戚がいるのでそんなに不安はなかった。それより数年前、ハリウッドからロンドンへやってきたアリソンが、「カラーテレビの世界から白黒テレビの世界へ」やってきたようだと感じたのとは正反対に、彼は「白黒からカラーの世界へ飛びこんだ」ようだったと言う。

「今でこそブラジルにはカラフルなイメージがあるけれど、それはそれは暗い国だった。もちろんカラーテレビなんてなかった。カリフォルニアに来て驚いたのはまずエアコン。次に車のウインドウが電動で開け閉めできることだったね」

息子をアメリカへ逃がした父親は、一家の脱出をも画策していた。民主体制の壊れてしまった国にはいたくない。サンパウロ大学の教え子には歌手になったシコ・ブアルキがいる。六〇年代の軍事政権に対しては教師も学生も敏感に反応し、シコは反政府活動に走って逮捕された。だが父親は教え子のように政治的に異議申し立てをする道を選ばず、ひたすら逃げた。

どこへ？　建築士の父親は美術一般に深い関心を示し、宝飾や家具も手がけたことがある。そうなると飛び立つ先はヨーロッパ、そして造園のすぐれた伝統があるイギリスだろう。それも世界一大きな植物園のあるキューを住み処として選んだ。

その結果、アメリカにいたダヴィは、途中からロンドンのアメリカン・スクールへ編入することになる。ブラジル生まれでアメリカ文化に染まっていたダヴィは、父親からいくらブリティッシュの素晴らしさを説かれてもピンとこない。

だいたいまともなアイスクリームがない。フラムロードへ行って、バンで売りに来るイタリア人のアイスクリーム屋を待つしかなかった。イギリス人もバーベキューをすると知り、友人宅に招かれて喜んで行ったけれど、ブラジルのバーベキューとは似ても似つかない。「バーベキューというよりも火葬場だった」

ハンバーガーもまともなのがなかった。

「忘れもしないのが一九七〇年夏のフラムロードだ。『ザ・グレート・アメリカン・ディザスター』が開店した。本当のアメリカのハンバーガーが食べられる店。すごい行列ができたんだ」

「アメリカン・ディザスター（アメリカの大惨事）とはすさまじい店名だね。でも、それまでロンドンにはハンバーガー・スタンドはなかったの？」

『『ウィンピー』が昔からあったけど、僕らみたいにアメリカの味を知っている者からしたら、あれこそディザスターだよ」

「マクドナルドは？」

「あれがイギリスに店を出したのはかなり遅かった。僕が大学の三年目だったから一九七四年かな。なんでフォークとナイフを出さないのかって文句を言われてた」

「それは日本より遅い」

ダヴィは驚いた顔をした。そんなに早く日本人はマクドナルドに飛びついたのかと。

ダヴィの日本観というのは意外と古めかしい。そういう尋ね方をしたことはないけれど、サンパウロの日本人社会が大切に保存してきたものを、通りをへだてて吸収していたのだろうか。

少なくともお辞儀がうまい。ヨーロッパの人たちがお辞儀のまねごとをすると、どうもおかしい。単に軽く腰を折るだけのことなのにぎこちない。ただ、ダヴィのお辞儀はそういうのに比べるとずっとましだというだけであって完璧ではない。面白がって、状況とか相手の格によって変える背筋の角度とか、首の下げ方を描いたイラストを見せて指導したら、せっかくのお辞儀がぎくしゃくしはじめた。彼の父親も日本贔屓だった。その影響もあったのだろう。父親は日本人経営の貧しい花屋からトラックいっぱいの花を買ってやるような人だったという。

ダヴィは学生時代にロンドンで剣道クラブに入っていたこともあり、刀の鍔《つば》のコレクションも持っている。武士道の精神は日本の政治家のなかに今も息づいているのか、などという難しい質問をされたこともある。

そんな彼がどうしても理解できないのが日本の真珠湾攻撃だと言った。決断の合理性がわからないと言う。英語で書かれた歴史書を貸してみた。読んだあと、やっぱりわからないと言う。

「まだブラジルにいたころ、父がパールハーバーについて話したことがあった。僕が、なぜ日本はあんな攻撃をしたんだろう、とつぶやいたのがきっかけだった。父はその理由を説明したんだけれども、どういう説明だったかよく覚えていない」

「理由の説明、というと正当化するような？」

「たぶんね。あまり身を入れて聞いていなかったんだ。正直に言うと、ティーンエイジャーのころは父親とそりが合わなくて、彼の話は上の空で聞く習慣がついていた。何に関しても、そんなこともわからないのか、というのが父のスタイルだったから反発したくなるのも無理はないよ。ただね、聞いておくべきことはいろいろあった」

ダヴィの父親は十年前にロンドンで亡くなっている。

一家がロンドンに移住したあと、父親は実業学校で造園術を教えはじめた。ところがある日、彼は世界を見てくると言い、学校を一年間休職してアジア方面へ旅立った。妻子を残して。ダヴィによると夫婦仲も悪化していたらしい。

世界を見てくるとは言ったものの、彼はその休暇の大半を日本で過ごした。かねてから日本の庭園と工芸に興味があった父親にとって、日本を思う存分歩きまわれるのは夢のようだった。

「父が持ち帰ったおみやげ《スーベニア》は何だと思う？」

「何だろう。工芸品が好きだったと言ったね。漆器？」

「ちがう」

「わかった。日本刀だ」

「ちがう。僕らは目を疑ったよ。これまでの人生であんなに驚いたことはない。しかしそれは父の死と共に消えてしまった」

僕たちはダヴィの庭にいた。夏の夜、消えかけたバーベキューの炭火がほのかな煙と匂いを漂わせ、遠くから妻たちのくぐもった声。ときどきするどいキツネの鳴き声が聞こえてくる。

死と共に消えたものとは？　僕はミステリアスな謎を、ダヴィの作ってくれたカイピリーニャのグラスをくるくる回しながら考えていた。サトウキビの蒸留酒ピンガとライムのカクテルで、ブラジル人のダヴィにしか作れない。というか、この近所にブラジル人は彼しかいない。

「いれずみだよ」とダヴィは言った。

「ああ」

「それも首から全身、足首までを覆ったいれずみだった。今だとボディスーツというタイプの」

「それは極端だな」

「極端に走るのは父の性格だから」

厳しすぎる父親に反発ばかりしていたというダヴィだが、父親の天職である建築と造園についてはその知識と技術を受けついでいるように見える。父親から教わったわけではないのか、と尋ねても、そんなことは一切ないという。あくまでも独学だと。

うちの庭の樹木が育ちすぎて収拾がつかなくなり、これは徹底的に庭造りをしなければいけないな、とダヴィの前でぼやいたことがある。するとその数日後、彼は図面を持って現れた。

「この通りに造れということではないよ。ただ庭造りのスピリットみたいなものを理解してくれるといい」

庭の中央に盛り土をし、小径《こみち》がその周囲を回るようにし、手前に作った池から小径に沿った流れが庭の奥へ続いてゆく……。

僕らには実現不可能なプロジェクトだったけれど、ダヴィの説明を聞きながら、目を薄く閉じて荒れ野と化したわが家の庭に、そのイメージを重ねてゆくと、彼が創出したい空間がどのようなものかよくわかってくる。そんな庭を造ってしまったら、家の中よりもそちらでずっと過ごしてしまいそうだ。

ダヴィの自宅の庭がまさにそういう空間だった。池の中に段差をこしらえて小さな滝のようにした石組みが立てる水音。庭の中心部にあるほぼ常緑の円形の芝生のスペース。そこを迂回して庭の後方へ至る白い玉砂利を敷いた小径。背を低く維持した桜の木が春になると白い花で、夏にはその緑の葉叢《はむら》で、庭の奥を隠す。

冬以外、僕たちがよく集うのは庭の奥、さまざまな緑に包まれた空間。全体をモザイクで包んだ大きな丸テーブルの上には無数のキャンドルと、いろいろな国籍の食器が並ぶ。

僕らを招くとき、ダヴィはお辞儀で迎え入れる。コロナ禍が始まってから、屋内での集まりが禁止されることが多く、それもあって庭で会うことが増えた。日本で感染が少ないのはお辞儀のせいじゃないか、と彼は言う。会うたびに握手したり身体をべたべた触らないから。

ロンドンの「火葬場」バーベキュー体験以来、自作・既製さまざまなバーベキュー用具を試してきたダヴィは、数年前に最終的解決を得た。分厚い陶器でできた壺形《つぼがた》の装置で、従来の開放型バーベキュー・グリルとは違い、密閉されている。

「『カマド』というんだ。カマドって日本語だろう?」

最近、日本語はツナミ、カロウシ以外にもカテゴリーを増やし、たとえば「ボケ(bokeh)」などは写真用語としてほかに言いようがなくなっている。いうまでもなく、レンズの焦点範囲をはずれたイメージのボケた部分のことだが。「カマド」も同じように英語の市民権を得た。ただし日本の本物の竈《かまど》と違って密閉型だし、形は竈というより大型のキムチ壺に似ている。これで焼いた肉類の味は、確かに従来のグリルで焼いたものとは比較にならない。

カイピリーニャのグラスには氷と櫛切《くしぎ》りのライムが浮かび、それを通すとロウソクの灯りが柳色に見える。いつものように、どこかに無尽蔵にたくわえている気配のハバナの葉巻をダヴィからもらい、ロウソクで火をつける。

左隣に住んでいた金持ち夫妻が急に引っ越していったという。あの二人は麻薬取引にかかわっていたに違いない、というダヴィの見立て。新しく入居してくる人にはあの荒れた庭をどうにかしてもらいたい、と彼は眉を八の字にして嘆く。右隣には大昔テレビドラマで活躍した老女優が一人で住んでいる。何度かパーティーで顔を合わせ、その都度華やかに自己紹介をするけれど、通りですれ違うときには見えないふりをする往年の美女である。彼女の庭もひどいんだ、とダヴィは嘆く。残飯を庭に捨てるから、夜中にキツネがやってきてやかましい。アドバイスをさせてもらえたら、向こう三軒すべて素晴らしい庭になるのにな、と残念がる。

その夜は夏の終わりだったけれど、少し肌寒かったので、テーブルの近くに置かれたメキシコ風の素焼きのチムニーに薪《まき》を入れた。あれは結構火力が強くて、てっぺんの煙突からするどい炎が吹き出す。植え込みの陰にしこんだスピーカーからはボサノヴァが流れる。楽園のような庭だね、と何度言ったかわからない称賛を口にしたあと、ふとパラダイス・ロスト（失楽園）という言葉が浮かんだ。

その昔、イベリア半島はキリスト教徒、ユダヤ教徒、イスラム教徒が共存する楽園だったといわれる。だがそれも、ダヴィの祖先が追放される十五世紀までのこと。イベリアの楽園を追われた人々の末裔が、ここでまた楽園を造っている。

愛犬国家

マイロがいなくなった！　というニュースが近所をかけめぐる。

逃げ出したのが午前十時ごろ、線路沿いの道路とテムズ川へ向かう通りが交わるところでいなくなった。マイロというのはラブラドル・リトリーバーとテリアの混血種で、ラブ・テリアと呼ばれることもある小さめの中型犬である。大きめの小型犬といったほうがいいかもしれない。全体がクリーム色で口吻《こうふん》まわりが白いかわいい犬だ。

およそ半径五百メートルのいびつな円内に住んでいる犬の飼い主たちが、チャットアプリのワッツアップで「愛犬隣組」とでもいうべきネットワークを作っている。僕が参加したのは五年ほど前で、その当時はまだ十人程度しかいなかったが、今では約五十人と六十匹に増えている。

早速このグループが始動した。

――駅の向こう側には行かないでしょう。

――マイロは一人で大通りを渡れるの？

――車が通っていなければ渡るガッツはあるわね。

――それじゃあテムズ沿いも探さないと。

――わたしたちは墓地のほうを捜してみる。


二時間も経たぬうちに、川沿いを心置きなく散歩しているマイロが見つかった。

みんなが手分けして迷子犬を探すのはこれが初めてではない。公園に行くと皆リードをはずして犬を自由にさせるので、他意はなくとも魅力的な匂いにつられて行方不明になる犬がときどきいる。捨て犬あがりの犬だと、何かの刺激で逃げ出すこともある。

このときは町なかでの行方不明だったから、比較的簡単に見つけることができたけれど、リッチモンド・パークなどの公園とも森ともつかぬ場所でいなくなると難しい。あそこは野生の鹿もいて危険だ。最近では、迷子になった犬をドローンで探そうとするグループが現れた。二、三機同時に飛ばすと比較的容易に見つかるらしい。

「ドローンからソーセージをぶらさげて飛ばしたら、うちの犬なんか一発で釣れる」というメンバーもいて、われわれのグループでもドローン導入を検討中である。

イギリスは犬の天国だと人はいう。「イギリスの家庭は子どもより犬を大事にする」と、スロヴァキアから出てきてオーペアをやっていた女性が言っていた。それも誇張とはいいきれない。

出張を終えてヒースロー空港へ到着し、車で自宅へ帰るときにいつも印象深いのが、ロンドンの緑の深さと犬を散歩させる人々の姿だった。アフリカなどから帰ってくるときに、その印象は特に強いけれども、愛犬家が多いとされるパリと比較しても散歩犬の数は目立つ。ついでにパリの文句を言っておくと、あそこは犬の糞の始末をしない人が多すぎる。歩道に放置された犬の糞で足をすべらせた回数のほうが、バナナの皮ですべった回数よりもまちがいなく多い。

遅まきながら、イギリス滞在通算二十二年目にして僕も犬を買った。人生で三匹目の犬である。最初は雑種、二匹目が柴犬、今いるのがゴールデン・リトリーバー。イギリスではなるべく捨て犬を保護してやろうという動きがあって、僕らも最初はテムズ南岸のバタシーにある犬猫ホーム（Battersea Dogs & Cats Home）へ行ってみた。近代的な施設の中に捨てられた犬と猫が住んでいて、新しい飼い主を待っている。捨てられたというよりは、暮らしが変化したために犬を飼いつづけることができなくなった人たちが、泣く泣く愛するペットを連れてくる例が多いらしい。

このバタシーの施設ではないけれど、最初の猫二匹は別の猫ホームから手に入れた。彼女たち（子猫姉妹）は文字通りの捨て猫だった。行ったらすぐに連れ帰ることになるのかと思っていたら違った。そこの職員が、僕たちの家が猫を飼うのに適しているか、生活スタイルはどうか、などをまずチェックするのだった。そのための家庭訪問があって、それに合格して初めて連れて帰ることができるという順序だ。

犬にかぎらず英国はペットに手厚い。すでに一八二四年に動物愛護のチャリティ組織を発足させている（一六八〇年代末に徳川綱吉が発布した「生類憐れみの令」などは世界の最先端をいっていた）。今では二家族に一家族はペットを飼っている計算になるそうだ。

バタシーの犬猫ホームでは望むリトリーバー系の犬が見つからず（すぐに引き取り手が現れる人気種だから）、ネットで探すことにした。イギリスではペットショップで犬猫を売ることは法律で禁じられている。子犬は母犬と最短でも八週間は過ごさせないとメンタルが不安定になり、攻撃的になるというのが理由だ。攻撃的になれば嫌われて捨てられる、その悪循環を断とうとする施策である。こうなると公認ブリーダーか子犬が生まれてしまった個人から直接買うしかない。法律で禁止されたのは二〇一八年だけれど、僕らが犬を探していたころにはすでにその動きが浸透していた。

探し求めた理想の子犬はイングランド南部の海岸の町、サウスボーンにいた。個人宅である。ドアを開けたらころがり出てきたフワフワの子犬のかわいらしさに、わが家の三人は打ちのめされた。彼女のきょうだいはまだ四匹残っていたけれど、僕らのすぐあとに来た家族がそのなかから一匹引き取っていった。
その家には犬もたくさんいるが人間の子どもも多かった。それもひとつの人種ではなく。白人のほかにインド系とアフリカ系。

「里子なんです、あの子たち」と、子犬の売り主夫婦が、キョロキョロしていた僕に言った。サロンでお茶を飲みながらの世間話のなかで、彼らは里親履歴を語った。今預かっている子たちは四人目と五人目らしく、フルタイムで里親をしているのだった。常々里親制度に興味があって、キャシー・グラスという作家が書くノンフィクションの里親シリーズの愛読者だった僕は、まったくの偶然で養育家庭の現場に入りこんだことでやや興奮して話しこんでしまった。

そこで金銭的なことを訊くのはためらわれたが、あとで調べてみると、養育家庭は里子一人当たり毎週四百〜六百五十ポンドを受け取ることができる。年額にすると三百〜五百万円相当になる。これとは別に経費（食費・衣料費）として毎週二百三十ポンド（年額二百万円）が出る。その家庭では二人の里子がいたからかなりの金額にはなる。

いとまごいをしようと立ちあがったとき、うちの子犬は母犬のお乳にすがって最後のミルクを飲んでいた。これをひきはがすのか、と思うと胸が熱くなった。そこへ大きな目のインド系の少女がやってきた。里子の一人である。彼女は子犬を両手ですくいあげ、いったんきつく抱きしめてから、さあどうぞ、というふうに僕に差し出した。この子犬は彼女に世話をしてもらってきたのだろう。少女はやさしい顔でほほえんでいる。かわいがってあげてね、と大きな目が訴えていた。

ヨーロッパのあちこちに野良犬保護センターがある。最大の野良犬国はルーマニアだ。なぜか？　一九八九年に処刑されたチャウシェスク大統領が北朝鮮を訪れたとき、彼は同国の「主体《チュチェ》思想」に感銘を受け、同様の精神をルーマニアにも根づかせようと一九七四年から「体系化政策」を展開した。そのひとつが既存の建物をねこそぎ破壊して高層アパートに建て替えるという政策だった。同国共産党崩壊まで続いたこの愚策のおかげで、ブカレストには高島平《たかしまだいら》団地のかたまりみたいな場所があちこちにできた。被害者は犬で、移住を強制された飼い主から捨てられた。これで野良犬がどんどん増えて繁殖し、対応に困った政府は安楽死を試す一方、ブリジット・バルドーら活動家が保護を訴え、結果的にいくつもの野良犬保護センターができ、そこからイギリスなど旧西側へ送られてくる。だから、イギリスの愛犬家のあいだでは「ルーマニアの犬」といえばピンとくる。

アドリア海の真珠といわれるドゥブロヴニク。クロアチアの南端で海に接する城塞都市だ。コロナ禍前までは日本人観光客もクルーズ船で大挙して押し寄せていた。あそこから車で山へ向かって二十分くらいのところにも野良犬保護センターがある。

それはそれは過酷な場所だった。ドゥブロヴニクへ行ったことのある人ならわかるだろうが、あの周辺の山には緑が少ない。禿げ山一歩手前である。夏はじりじりと太陽に焼かれ、冬は強風にさらされる。そこは一九九一年から始まったユーゴスラヴィア紛争の際、ドゥブロヴニクを砲撃するユーゴスラヴィア人民軍の攻撃基地だった。僕らが訪れたときにはサンドラという女性の管理人が一人だけ。ほかに手伝いが二人いると言ってはいたが。彼女は何もないところからたった一人でこの施設を立ちあげた。在籍野良犬はなんと二百五十四匹以上。電気も水道もない場所だが、地元のボランティアが水や餌を運んできてくれる。

僕たちの愛犬隣組にもルーマニアから来た犬がいる。数年前にはイタリアからも一匹やってきた。そういう犬の搬送は、ヨーロッパ各国の愛犬ボランティアがリレーのようにつないで送り届ける。イタリアから来たブルーノの場合は、ローマから南仏までイタリア人が運び、南仏からドーバー海峡の向こう側まではフランス人が担当した。

悲しいことにブルーノは愛犬隣組にはなじめなかった。どんなに温和な犬が相手でも歯をむくか、近くの繁みに逃げこんでしまう。イギリスに届くまでは、保護歴と写真以外どんな犬なのかわからない。飼い主の女性マグダレナはブルーノの背中にえぐれた部分があることに気づいた。獣医に診せるとこれは銃創だという。どんなつらいめに遭ってきたのか、と彼女は涙を浮かべた。グループに溶けこむにはまだまだ時間がかかりそうだけれど、少なくとも、一人暮らしだったマグダレナの生活はブルーノのおかげですっかり変わり、ブルーノは異国で幸せな人生を得た。

犬と散歩しているときにすれ違う人の反応は興味深い。

まず一番愛想がいいのはイギリス人。徒歩ですれ違ったときだけでなく、車の窓からこちら（ではなく犬）を見て手を振ったりほほえみかけたりする。ときどきあるのが、「撫《な》でてもいいですか？」というアプローチで、これは子どもとか若い女性に多い。「撫でてごらんなさい」と自分の子どもをうながす教育的母親もいる。あるとき、四十歳くらいの女性が顔をくしゃくしゃにして近づいてきて同じ質問をした。いいですよ、と言うと両手でルナ（うちの犬の名前）の頬から耳の下をもみしだき、頭をパタパタと叩いて感慨深そうに見つめていた。

「先月ゴールデン・リトリーバーを亡くしたばかりなんです」

そしてみんなサンキューと言って去ってゆく。

犬が近づくと大きく距離を取って絶対に近づかないようにする人たちもいる。インドとかパキスタン系の人が多い。怖いからというよりも、犬を屋内で飼う習慣がないからとか、お尻を自分で舐める動物たち（犬猫）は不浄の極みだからという説明を聞いた。黒人の多くはどうも犬嫌いのように見える。残念なことに、ジャマイカ出身の両親を持つ友人エリックの、うちのルナに対する態度は厳しい。台所でルナが食べ物に近づこうものなら、エリックはあの犬のやつめがと本気で怒る。名前では呼ばない。「ドッグ！」である。食事に招かれた友人宅のお犬さまだという遠慮もない。日本人の態度は半々だろうか。イギリス人並みにニコニコ寄ってくる人もいるが、犬を避けて迂回する人もいる。後者は子どもに多いようだ。

イギリス人は犬に愛想がいいとは言ったけれども、もちろん例外もある。うちと同じ通りに住む男性は白いヨークシャーテリアの飼い主で、いつも犬を連れてもくもくと散歩をしている。誰とも話をしない。こちらからフレンドリーな感じで近寄っても避ける。コロナ禍以前からすでに他人との距離を二メートル以上保っていた先見性のある老人である。当然愛犬隣組のメンバーではない。冷たい感じのする人物だった。

キュー・グリーンでは年に一度ドッグ・コンテストをやる。障害競走をさせたり毛並みを競ったりするような本格的なものではなく、ちょっと変わった芸ができたり、風変わりなヘアスタイルだと簡単に賞（エサ）がもらえる素人犬自慢大会だ。そこにあの白いヨークシャーテリアの飼い主が参加した！　驚くべき出来事だった。参加自体もさることながら、彼の姿にはみんな驚愕した。白犬の着ぐるみを着て現れたのである。身も心も愛犬と一体ですという主張にみんな心を打たれた。人を見かけで判断してはいけない。だがそれは見かけで逆転一発アピールすることもある好例だった。

コロナ禍、そしてロックダウン。そんななか、パンデミック・パピー（pandemic puppies）という言葉が生まれた。直訳すると「流行病子犬」。病気の犬、というのではなく、流行病蔓延の社会で人気爆発の子犬、といった意味合いだ。外部との交流が制限された新生活環境で、多くの人々が犬を相棒にしたがったのである。ロックダウン真っ最中の二〇二〇年五月時点で、ペット一匹の供給に対する需要は四百人以上。前年の二倍以上にも増加した。ジョギングの道連れにと考えた人たちもいるようだが、確かにコロナ禍以来犬を散歩させる人の数はぐっと増えた。愛犬隣組のメンバー増加もこれが理由だ。

需要が増えれば価格は上がる。犬の値段も暴騰し、ゴールデン・リトリーバーだと六百ポンド程度（九万円）で買えたのが今や二千ポンド（三十万円）である。人気の高いフレンチ・ブルドックはコロナ前の一千ポンド（十五万円）から三千ポンド（四十五万円）になってしまった。

ここで増えてきたのが犬さらい。イギリスでは犬が入れないスーパーマーケットなどで、柱や手すりにつながれて飼い主を待つ犬の姿が見受けられる。今やそれが数十万円の貴重品なのである。悪いやつらはこれをさらって換金する。飛ぶように売れるのだから。このせいで犬の保険料が上がってしまった。二〇二〇年には一日当たり七匹の犬が誘拐されたという。

ところでなぜイギリス人はこれほどまでに犬が好きなのだろう。

その説明は山ほどある。その昔、犬を飼うことがステータス・シンボルだったから。ヴィクトリア朝に確立した良き家庭のイメージに犬が欠かせなかったから。イギリス人は誰かを従属させるのが好きだから。散歩が好きな国民なので連れ合いとして。核家族化が進んだイギリス社会において絆の役目として、等々。

最近聞いた説明に次のようなものがあった。なかなか説得力のある説だ。

イギリス人は恥ずかしがり屋だがいつも誰かとの会話を求めている。空模様を会話のきっかけに使うのはよくある手だが、天気は自然現象にすぎず、話者の感情が乗らない。だが犬に関することがらだとイギリス人はガードをはずすことができ、感情をちょっと出しても恥にはならない。イギリス人にしてみたら稀な機会である。つまり、イギリス人にとって、犬はよそよそしくない会話を始めるための便利な小道具なのである。

でも、なぜ犬を連れている人たちはガードをはずせるのか？

犬の目を見つめ、犬に見つめ返された人の脳内には（犬の脳内にも）愛情ホルモン（オキシトシン）があふれ、寛容性が高まっているからだ。そのとき、僕らは見えないシッポを振っている。

私立校・公立校

僕の娘は私立の小学校から私立のセカンダリー・スクールへ進んだ。もともとは、小学校ごときで私立に通わせるつもりはなかった。歩いて通えるところに素晴らしい公立の小学校があったのだ。学校訪問もし、教師たちの感じも良く、小学生オーケストラもあった。ここにしようね、などと勝手に決めていたら、最後の最後で乗り越えられぬ壁があることに気がついた。

学校名に「C of E」と略号がついている、それが問題だった。それは英国国教会（Church of England）の頭文字で、キリスト教徒コミュニティのために設立された小学校という意味だ。全国の小学校の四分の一が英国国教会系で、一般に教育水準は高く、私立小学校をしのぐ場合も多い。

いうまでもなく壁というのは、僕たちがキリスト教徒ではないという点だ。スイス人の妻は建前はキリスト教徒っぽいが、自認はしていない。非キリスト教徒は入れないという

わけではないが、優先順位は敬虔なる英国国教会信徒《アングリカン》に与えられる。子どもをその小学校に通わせたいがためにこの学校の近くに引っ越してきて、国教会派の教会に通う家族すらいるという。子どもが二、三人いるなら、家賃が高くてもこの学区へ引っ越して、公立小学校へ通わせたほうが金銭的には得だ。子ども全員を私立の小学校に通わせたりしたら大変なことになる。

無宗教の家庭でも子どもを良い学校に入れたいがために、前年からにわか信徒になるところがあると聞く。そこまでするつもりもなかったわが家の娘は、その公立校の近くにある私立校の生徒となり、セカンダリーも私立へ進学することになった。

前置きが長くなったけれど、イギリスにおける私立校と公立校についていろいろと考えることになったのは、ここからだ。とりわけセカンダリー・スクールの入学式での一場面。

ロンドン西郊の雑然とした区域だけれども、その敷地だけはゴシック風のアーチがつらなる赤レンガの塀が取り囲み、敷地内部でも堂々としたゴシック建築が建ち並び、その周囲を最新鋭の音楽・演劇ホールや近代的な科学専門棟が囲んでいる。十七世紀創立の学校だという。中央にそびえ立つのが礼拝堂で、ここが入学式の会場だった。約百人の新入生は一階にすわり、父母たちは二階のギャラリーから、ステンドグラスを通してきた色とりどりの光を背に受けて、わが子の入学式を見下ろしていた。

校長のあいさつから始まったあまり面白くもない式典の最後に、新入生に自由に質問させる時間が設けられた。十一歳の子どもたちはモジモジしてなかなか手を挙げない。「どんな質問でもいいですよ」と入学式を仕切っていた堂々たる婦人がうながす。一人の男の子が手を挙げて、ためらいながら質問を始めた。

「この式が始まる前、同じクラスになった人たちと校庭でおしゃべりをしていました。でも僕だけが公立の出身でほかのみんなは私立でした。うまくやっていけるかどうか心配です」

十一歳にして、すでに所属階層の違いを意識しているからこその不安であることは明らかだ。みずからの体験から生じた不安なのか、言葉遣いの違う連中に現実に囲まれてみて、周囲の大人たちから常々聞かされていた警告がふと浮かんだのか。

日本では似たような状況がありうるだろうか？　私立中学に入学した子が、クラスメートの大半が私立小学校の出身で、自分と数人だけが公立小学校の出身だと気がついた。彼はどのような反応を示すだろう？　あいつらはカネモチだけどおれはビンボーくらいの認識、多少の妬みと羨望の感情、などが心をかすめるだけで、うまくやっていけるかどうかという不安を抱いたり、ましてやそれを口に出したりはしないだろう。

だが彼はそれを言った。礼拝堂のすみっこで。

そのとき一瞬頭をかすめたのは、大勢を占める私立出身の子どもたちは、今日から同級生となった彼の不安をどう聞いたのだろう、という疑問だった。たぶん、そんな不安な気持ちを表明する友だちとは交わったことはなかったろうし、ましてや自分が不安がられる対象になることなど思いもよらなかったろう。ざわざわとした入学式の閉会まぎわの小さな声が、何人の子どもの心に残ったかはわからないが。

私立校と公立校というテーマは英国社会の理解に不可欠だろう。正確に言うと公立に対する私立の偏頗《へんぱ》的重要性という事実。というのも、それが英国社会の一大特徴である階級システムの結果であり反映であるからだ。それが教育機関としての機能を超えて、社会制度の一部になっている。英国社会の指導的立場にある人々の過半数が私立校の出身者によって占められているという事実——私立校の出身者は人口の七パーセント(ちなみに日本は高校段階で三〇パーセントらしい)でしかないにもかかわらず——ひとつ取っても。

もちろん裕福な層でも、子どもたちを公立校へ通わせる場合は少なくない。知人宅で出会った某交響楽団の首席ヴィオラ奏者は、「かたよらず、釣り合いの取れた社会観を持たせるために」息子をごく普通の公立校へ入れたと言っていた。ヴィオラ弾きらしいバランス感覚である。有名なところではポール・マッカートニーが、これと同じ趣旨で、四人の子どもたち全員を自宅近くの公立校へ入れている。また、私立校といっても学業面で公立校よりも劣る学校も多く、公立校トップクラスならば私立校トップと互角だ。

さて、ここから先は日本の中高一貫校に相当するセカンダリー・スクールについて語ってゆく。その前に用語の整理をしておきたい。

僕の娘が入学したセカンダリー・スクールは私立校だった。しかしこれを英語ではパブリック・スクールということもある。え？　私立ならプライベート・スクールでしょう？という疑問は無理もない。だが英国では何ごともややこしい。アメリカの辞書、コリンズ・コウビルド英英辞典は「パブリック・スクール」をこう定義する。

In Britain, a public school is a private secondary school that provides secondary education ….（英国ではパブリック・スクールとは中等教育を授けるプライベート・スクールで……）

パブリック・スクールとはプライベート・スクールであり、とはどういうことか、辞書にあるまじき曖昧さではないか。その憤懣もごもっともで、歴史をさかのぼらないとわからない。

自宅内で住みこみや通いの専任教師を子弟教育の任にあたらせるのではなく、町や郊外（パブリックな空間）に学校を設けて教育を与える。そのような学校が十四世紀ころから貴族階級のチャリティとして貧民子弟のために作られた。次第にその教育水準が高まり便利さが認められると、上流子弟も通学するようになる。それが現在では支配階級養成所みたいになってしまっているパブリック・スクールであり、もはや貧民子弟の学び場ではなくなった。かつ運営資金もチャリティではなく、子弟の家族が支払う高額な授業料による。

パブリック・スクールにも格があって、イートン、ハロウ、ウィンチェスター、ウェストミンスター、ラグビーの五校が頂点に位置する（現在の評判と実力ではラグビーの代わりにセント・ポールズが入る）。これらは寄宿学校であり（セント・ポールズは通学が基本）、寄宿学校ではないパブリック・スクールは格が落ちる。寝起きまでも共にして初めてエリートとしての気風が養われるというわけだ。世間の噂になりがちなパブリック・スクールは、これら寄宿学校の上位数校のことであり、この下にぞろぞろと続く学校は華麗なゴシップや知名度において劣後する。

イギリスのパブリック・スクールに対して日本人が持つイメージは美化されすぎているか時代遅れのように感じられる場合が多い。日本におけるパブリック・スクール論の嚆矢《こうし》は池田潔著『自由と規律』（岩波新書）だと思うが、同書は著者が一九二〇年の留学体験を一九四九年に回想して書いたもので、今にして思えば国も違えば時代も違い、いろいろ割り引いて読む必要があることはいうまでもない。大正九年の恋愛論を今に活かそうとするのは無謀だ。とはいえ現在でも、イギリス礼賛型の文章が紹介するパブリック・スクールのイメージは、同書が奏でる牧歌の相似形のように思われる。

結果的に娘が入学することになったセカンダリー・スクールを訪れたとき（入学志望者を招いて校内を見せるオープンデイ）、何百人という受験生とその家族を前に、演壇に立った校長のスピーチには驚いた。彼は開口一番、こう言った。

「否定はしません、当校にも麻薬問題は存在します」

校長先生が訊かれもしないのに大変なことを自白している。冗談めかした顔つきではない。ここはよほどの不良校なのか？　左右をちらちら見ると、保護者たちに動揺した気配はない。スピーチのあとで、同じ小学校から来ていた娘の友だちの母親に訊くと、「この前も何人か退学になりましたからね」と平然としている。

その後、新聞などから情報収集すると、セカンダリー・スクールで麻薬（といっても大麻レベル）をやる、というのは驚くようなことではないと知った。若い子だと十二歳くらいから試す者もいるが、主流は上級学年の十六歳から十八歳の層だという。煙草は吸わぬが大麻は吸う、というのには驚いたけれど。

当然大麻を買うにはそこそこのお小遣いがいるわけで、私立校の生徒たちは値の張るコカインなども容易に手に入れることができ、右に列挙したような寄宿型パブリック・スクールでも同様である。共に寝起きをすれば養われるものはいろいろある。イートン、ハロウ、ウェストミンスターなどはすべて麻薬問題を抱えている。

ここ数年私立校の、なかんずく最上位の寄宿型パブリック・スクールの否定的な側面が浮き彫りにされてきたのは、二人の首相、デイヴィッド・キャメロンとボリス・ジョンソンの両者がイートン校からオックスフォード大学へ進み、程度の違いこそあれ鼻持ちならぬ傲慢さを発散させてきたからでもある。特にボリス・ジョンソンの庶民的なふるまいの下に隠した差別意識、特権意識、選民意識を見て、あれはいかにもイートンらしい鼻持ちならぬ態度だと感じる人々が増え、その勢いで、国民の七パーセントでしかない私立校出身者が控訴院判事（最高裁判事に相当）の七四パーセント、軍隊高官の七一パーセントを占めるのはどういうわけだ、といきどおる。それ以外の政府重要職も過半数を私立校出身者が占めている。

法曹関係や政府関係の構造変化には時間がかかるだろうけれど、オックスフォードやケンブリッジなどの大学側では私立出身・公立出身の比率是正に本腰を入れた。たとえばオックスフォード大学では私立校出身者が三〇パーセント程度にとどまっている。これは公立出身学生を多く取ろうという努力の結果であって、それ以前、私立出身者比率は圧倒的だった。同大学は引き続き、積極的に公立出身者を取りつつあり、うちの近所のとても優秀な少年は、おかげでオックスフォードに入れなかった。彼の両親の恨み節を代唱しているのでも、贔屓の引き倒しをしているのでもない。数字的に熾烈な難しさがあるのだ。オックスフォード大学内の彼が入りたかったカレッジの定員は十人。同カレッジは公立校から七人、私立校から三人を取るというポリシーにした。彼としては三人枠に入る自信があり、出身校の教師も太鼓判を押していた。ところがその三人枠も、できればＢＡＭＥ（ブラック・アジアン・マイノリティ・エスニック＝黒人・アジア人・少数民族）と女性に割り当てるということになったから、私立校出身白人少年にとってはたまらない、受からない。

娘の交友関係や、近隣の子どもたちの行動を見ていると、私立校の生徒が公立校の生徒と交わるようすはあまりない。生活圏が見えない膜で区切られているような印象だ。小学校から私立と公立という棲み分けができていて、ほぼその延長で歩んでいくからだろうか。

どうも私立校の生徒たちには公立校生徒を恐れる傾向もある。公立校の生徒は貧しくラフで私立校の生徒たちは金を持っているので狙われる、という固定的な偏見によるところが大きいのだが、娘のクラスメートが公立校の生徒から袋叩きにあってｉＰｈｏｎｅを奪われた実例もあるので、まったく根拠のない偏見というわけでもないようだ。そりゃあ、カモになりやすくはあるだろう。

ある日、わが校に麻薬問題ありとおおっぴらに認めた例の校長を、大いにたじろがせる事態が発生した。十七世紀来の由緒あるわが校の隣に公立校が建つというのだ。通り一本へだてた隣接地にである。校長は隣に公立校が建つことに断固反対した。生徒たちは公立校の荒っぽい生徒に恐喝されることを恐れた。校長の反対意見が公表され、保護者のもとにも届いた。反対の理由はこうだ。「ただでさえ混雑している道路がさらに混雑し、駅の乗り降り人数も増えて危険である」

本当にそう思ったのか、取ってつけたような理由をかざしてでも阻止したかったのかはわからない。結局、授業料無償のその公立校はめでたく開校され、同校生徒の独特の制服も見慣れたものになったけれど、交通がより渋滞するようになったとか、駅のホームの危険度が増したという話は出ていない。心配する必要はなかった。

ＥＵ離脱（ブレグジット）の是非を問う国民投票が行われ、僅差で離脱派が勝利した二〇一六年六月二四日。その直後からイギリスのあちこちで、それまで抑圧されてきていた外国人に対する憎悪が露骨になり、それから四日間でヘイトクライムが前月の同じ期間と比べて約六〇パーセントも増加した。ＥＵを嫌うことは正しい、もう移民も入れない、という気分がお墨付きを得たと信じる連中の勝ちどきだった。投票は暴発を招いたのである。各地で移民に対する嫌がらせが急増するなか、ロンドンで大きなニュースになったのは、投票結果が発表された二日後、ロンドンの西にあるポーランド社会文化協会のドアに大書された「出て行け糞野郎」的な罵詈《ばり》雑言である。ポーランドのソーセージやピロシキも食べられる総合文化センターだ。

後日同センターに立ち寄ってみると、落書きはきれいに消されていた。中に入ると受け付けデスク周辺が花束で囲まれている。壁はにぎやかなカードで埋まっている。それらはすべて「元気を出せ、ポーランド人たち」とか「わたしたちはあなた方を愛している」という慰謝と激励のメッセージだった。長いのになると、こんな謝意もあった。

「わたしたち英国人は第二次世界大戦中、共に戦ったあなた方ポーランド人に感謝し、英国社会に対するあなた方の大いなる貢献を決して忘れません」。

個別のカードのほかに、半畳くらいの大きな厚紙に貼りつけられた寄せ書きもあった。「ありがとう！」「わたしたちは友だちだ」「ポーランド人、大好き」などという子どもっぽいメッセージ。

近づいてよく見ると、それは例の新設公立校の生徒たちからの激励カードなのだった。彼らの学校は、ポーランド文化センターから道をはさんだ真ん前にある。僕の娘が通っていた私立校も真ん前にある。彼女の学校からも激励メッセージが届いていないか探してみたがどこにもなかった。

ロンドンの日本

ロンドンにおける日本のプレゼンスは大きく変わった。そのわかりやすい象徴が、日系百貨店の参入と撤退だった。

ロンドンでは一九七九年の三越開店から十余年のあいだに、伊勢丹、髙島屋、そごうが次々に店をかまえた。規模の差はあれど、どれも一等地だった。特に最後に開店したそごうはピカデリー・サーカスの真ん前にあの独特の赤いロゴを光らせてどんと建ち、一番印象的だった。

こうした日本を代表する百貨店が続々と進出してくれていたころ、われわれ転勤族はなんとなく心強かった。ところが、二度目の転勤で二〇〇〇年に舞い戻ってみると、三越を除いて全部なくなっていた（そごうは本体が倒産したから仕方がない）。そして一番古い三越も、最後まで手を変え品を変え頑張っていたけれど、二〇一三年にとうとう撤退してしまった。三十四年の歴史だったという。ピカデリーからちょっと南に下がったリージェント・ストリートにはいつも三越があった。実はあそこで買い物をしたことは一度もなく、地下の日本食レストランを数回使っただけなのだが、なくなってみると寂しい。諸行無常という言葉が浮かぶ。国力の低下みたいに感じる。あの時代は何だったのだろう？

三越というのは早くから海外展開をしていた店で、パリやローマにはロンドンよりも数年早く出店していた。最初のころはいわゆる「お帳場客」（外商顧客のこと）が海外旅行をするとき、彼らに便宜提供をするのが主目的だったけれど、一九九〇年代には現地駐在員と、彼らを頼りに出張してきて買い物をする人たちを得意客にするようになっていた。

だが、日本でバブル景気が終わった九〇年代前半ころ、それまでロンドンにあふれていた日本人駐在員の姿がぐんぐん減っていった。それにつれてロンドン市内の百貨店での買い物客もどんどん減っていったのだ（コロナ禍のせいで三越ローマ店も二〇二一年七月に閉店し、これでヨーロッパから日系百貨店はすべて姿を消した）。

一九九三年、僕はリッチモンド市内でわずか二百メートルの引っ越しをした。移動距離が二百キロだろうと二百メートルだろうと、引っ越しの際には運送会社にトラックを頼まないといけない。そのときは日系の運送会社に来てもらったのだけれど、あっというまに終わった引っ越しのあと、日本人担当者がこんなことを言った。

「昔は来るのが二で帰るのが一、今は来るのが一で帰るのが二ですね」

日本から来る引っ越しコンテナーと、帰るコンテナーの比率についての説明だ。確かにロンドンで見かける日本人駐在員の数は少しずつだけれども、減りつつある印象があった。日本からやってくる高校生の修学旅行にびっくりしていた時期でもあり、日本人観光客が減ったという感じはなかったが、日本人サラリーマンの姿がぱらぱらと消えてゆく実感はあった。朝の通勤電車でいつも見かけていた日本人のあの人、この人が、いつのまにかいなくなり、僕が使っていたディストリクト・ラインでは一人も見かけなくなった。通学列車で、途中駅から乗ってきていた女の子を見かけなくなったときの喪失感に似ていなくもない。

バブル全盛時代にわれもわれもと進出してきた日本企業が、さっと引いていったのである。その影響は目抜き通りの百貨店だけでなく、郊外の日本人用スーパーマーケットにも及んでいた。一九九三年に現地新聞やテレビを騒がせて開店したヤオハン・プラザという巨大ストアの、数年だけの栄光と没落である。ロンドン中心部から見るとやや僻地の北部だったけれど、なにしろ東京ドームのグラウンドと同じ延べ面積の超弩《どきゅう》級店舗であった。ばかでかいスーパーマーケットのほかに大規模な旭屋書店やセガのゲームパーク、日本人美容室、理容室、和食器屋などがあり、フードコートには寿司屋は当然、ありとあらゆる日本料理店が軒を並べていた。「All Japan Under One Roof（ひとつ屋根の下の日本）」というのがキャッチフレーズだった。

あそこを初めて訪れた日本人は皆嬉しそうな顔はしていたが、心の中では口を開けてポカンとしていたのではなかろうか。ありがたい存在だがこの規模は維持できるのだろうかと。

うきうきと春菊や日本の調味料をマーケットで買いあさっていたとき、店の右奥のほうになんとなく寂しげなコーナーがあるのに気がついた。他の棚は日本食材が祝祭のようにきれいに並んでいるのに、そこはくすんだ梱包の中華食材が並べてある、というよりは置いてある、というたたずまいなのだった。地域的には白人が四割以下で中国人も多い場所だったから、中華食材を置くのは理にかなっているのだが、面積の割き方と置き方がひどく寂しい。「All Japan Under One Roof」のポリシーにはそぐわないということだったのか。

開店から三年を経過したころから変化が訪れた。フードコートにタイや中華系といった非日本系の出店が増え、スーパーマーケットで扱う食材もアジア食材が増えてきた。結局一九九七年に日本のヤオハンが倒産し、ヤオハン・プラザはマレーシア資本に買収されてオリエンタル・シティとして生まれ変わった。が、それもまた経営破綻し、現在では敷地面積を大幅に削減してスーパーマーケットなどの店舗を廃し、東南アジア系二十数店が食事を提供するロンドン最大のフードホールになっている。

日本の巨大スーパーマーケットが短命だった一方で韓国系スーパー、Hマートが安定している。ヤオハン・プラザとは逆にロンドンの南、いわゆるコリアン・タウンと呼ばれるニューモルデンに二〇一一年に開店した大型スーパーである。もちろん韓国食材が主体だけれども、日本、中国、タイ、ベトナムなど東南アジア各国の食材が手に入るので客の顔ぶれはさまざまだ。ひとつ屋根の下に東南アジア諸国を入れたのは、成功の一因だったように思う。

日本の物品を売る小売りはともかく、ソフトの販売ともいうべき日本食ブームの高まりは二〇〇〇年代以降顕著になり、ここ四、五年はそれが安定定着しつつある。しかし残念なことに、ロンドンで人気の日本食レストランや寿司バーの実際の創業者や資本家が日本人かというとそうではない。ロンドンで一番有名な日本食レストランといえば「ワガママ」(たぶん在倫日本人全員が避ける店)だが、その創業者は香港出身の漢民族系だし、寿司のテイクアウトで首位争いをしている「イツ」と「ワサビ」の創業者は前者が英国人、後者が韓国人だった。回転寿司でロンドンをびっくりさせた「ヨー!スシ」も英国人が作った。この店は、寿司というコンセプトから逸脱したものも回ってくるのでわれわれ日本人は目を回したわけだが、ごく最近「すき家」の持ち株会社ゼンショーに買収されたので、今後何が回ってくるか楽しみではある。

二〇〇〇年代の初期、ある日系の会社が寿司のテイクアウトを始めようとしたが、開業には至らなかった。致命的だったのは保存温度。イングランドの食品基準法上、冷蔵食品は気温八度以下で保つべしとなっているが、慣習では安全サイドを取って四度から五度くらいにしている。それを知った瞬間、日本人たちは「あーそれじゃだめだ」とため息をついた。日本のスーパーでは一〇度程度らしい。そのわずか数度の差でご飯が死ぬ。そんなシャリは食わせられない、と日本人は涙を呑んだ。

確かに今スーパーで売っている寿司ボックスのシャリはカサカサボロボロで、これでもかとばかりに固めてある。風味のない薄い魚片が貼りついたそれは、食品というよりは冷えた文房具に似ている。彼らはワサビ醬油を舐める口実で寿司を食べているのではないかとさえ思ってしまう（それほどにワサビは人気なのである）。首位争いの二社はまだましだけれど、ときには霜柱のような鉄火巻きに遭遇することもある。

しかしそれでも寿司ブームは起き、延々と続いている。十数年前の在倫日本人も、シャリの固さなど無視して驀進《ばくしん》していたら大成功していたかもしれない。いや、やっぱりそんなことはできなかったろうな。日本人の沽券《こけん》にかかわる。

二〇一六年にずいぶんましなテイクアウト寿司が現れた。大手スーパー（ウェイトローズ）に場所借りで進出した「スシ・デイリー（毎日寿司）」は前述二社よりもずっとおいしい。なぜかというとやはり決め手はシャリだった。開店直後のスーパーに行くと、店の片隅で彼ら（大半が東洋人）は大型炊飯器で米を炊いている。そのあと昼食時までそこで寿司を握ったり巻いたりする。おいしいはずだ。

この店の創業者は現在五十代半ばの韓国人女性である。彼女の人生はドラマチックだ。

韓国の農村からパリに出てきた彼女は、二〇〇八年、セーヌ川に身を投げて死のうとしていた。事業が失敗し絶望のどん底にあったのだ。だがここで死んだら故郷の母を殺すも同じと考えなおし、まったく別の事業を始めることにする。

東京で七年間働いていたときに覚えた刺身と寿司の味がヒントだった。早速パリの日本人寿司職人を師と仰いで寿司道に入り、二年後にカルフール（フランスのスーパー）のリヨン支店に売りこみを図った。フランスでは即座に成功し二〇一五年に英国上陸、これもまた大成功。二〇二二年時点で欧州十一か国に千二百店舗以上、ヨーロッパの寿司マーケットの半分を席巻し、コロナ禍前には全欧で一日百万個以上を売っていた。

同社のまねをしてスタイルからコンセプトまでそっくりの「スシ・グルメ」（こちらも大手スーパー、セインズベリーズと提携）も好調。こちらの創業者はフランス人。ずっとおいしいテイクアウト寿司は二店ともフランスからやってきた、というのは感慨深い。やっぱりフランスの人たちは舌が肥えている。

乗用車の分野に目を転じると、トヨタのレクサス、日産のキャシュカイ（日本名はデュアリス）の存在感は相変わらず高いけれど、ここ数年間、韓国の現代《ヒョンデ》と起亜《キア》の車が目立つ。目立つというのは、ある時期までの韓国車とはまったく違うデザインに脱皮したせいもある。特にハイブリッドや電気自動車がよく売れているようだ。ごく近所の、僕が知るかぎり三十年以上は英国老舗の大衆車ブランド、ヴォクソールの代理店だったところが、いつのまにか現代の代理店になっていた。

昨年（二〇二二年）の英国内乗用車売り上げでトヨタと日産が占めるシェアは一一・〇八パーセントだったが、現代と起亜は一一・一九パーセントとこれを追い抜いた。前世紀末、ロンドンで見かける韓国車はパッとせず、鉄板の質か塗料の問題なのか、錆の浮いた車体が目立ったりしていたものだが、二〇二二年の某自動車専門誌が選んだ年間最優秀車として、現代と起亜の車が選ばれ一位を分け合うことになった。


ロンドンの変貌を語った章で「ロンドン貧困地図」について触れた。あの地図を作った慈善家、チャールズ・ブースはロンドンの中心部だけでなくロンドンの東の果て、ドックランズも調査している。今でこそ金融副都心になってしまったけれど、ひと昔前までは汚らしく寂しい土地だった。

今ロンドンの中華街というと、劇場街に囲まれたソーホーの一部を指すが、あれは戦後一九五〇年代にできた新興のチャイナタウンで、元祖チャイナタウンはドックランズにあった。中国人船乗りの溜まり場だった。しかし第二次世界大戦時のドイツ軍による爆撃で損傷が激しくなったため、現在のウェストエンドに移ったのである。

そこを訪れたブースは黄ばんだノートに興味深い観察記録を残している。一八九七年五月二六日の日付がある。表題は「ジャップとチャイナマン」。むろん「ジャップ」も「チャイナマン」も蔑称である。

そのページはこう始まる。

「日本人と中国人は一般的におとなしく扱いやすい。比較すると日本人のほうが騒がしい。中国人は従順で物静かで、いったん約束をすればそれを守る」

なんとなく逆のような気もするけれど、当時はそうだったのだろうか？　漱石が留学する（一九〇〇年）直前のロンドンに、集団として比較されるほどの日本人がいたというのも意外だが、漱石のようにお行儀良く官費留学で渡英した同胞と違って、自力渡航組ないしは船員はそもそもが一匹狼で騒々しかったのだろうか。それに対し、ロンドンにはチャイナタウンという社会があったから、社会の矩《のり》みたいなものを中国人は感じていたのだろうか。それとも清朝末期の官僚制に慣らされた従順な中国人労働者のありのままの姿を、ロンドンでも見せていただけなのか。

「中国人の料理人は乗ってきた船からときどき逃げ出してライムハウスの街路に隠れる。(中略)昨年のクリスマス、日本人と中国人は自分たちの国が戦争状態にあることを知り、祖国を背負って喧嘩を始めたが、たいしたことにはならなかった」

日清戦争は一八九五年に終わっているのだから、一八九六年末にそれに気づいて喧嘩を始めたというのもほのぼのとしている。

「中国人は権威に対し大いなる敬意を示す。日本人はどちらかというとイギリス人みたいだ。船員として優秀だからイギリス船がどんどん雇う。彼らはイギリス人をまねようとする。ロンドンへ出てきてビールを飲むと、酔っ払って女を追いかけ回す」

酔っ払って女を追いかけ回す日本人には心当たりがある。

ロンドン留学時代の博物学者、南方熊楠《みなかたくまぐす》が大英博物館で勉強していると、広島出身の高橋謹一《きんいち》という得体の知れない男が訪ねてきた。なぜロンドンにいるのかもよくわからず、大酒飲みで女を追いかけ回すので評判の男で、熊楠の大親友になる。

念のために熊楠の日記を確認すると、彼が高橋と知り合ったのはブースが右記内容を書き残した一八九七年。高橋というこの男もまた、ブースが一括視した典型的日本人なのかもしれない。まあ、熊楠自身もそれに近かったらしいのだが。

ドイツから来た娘

十数年前の話になるが、娘のヴァイオリンの先生を探していたら、うちから徒歩四分のところにすぐれたヴァイオリニストが住んでいることがわかった。ドイツ生まれのドイツ人女性で名前をフリーダといい、地元のアマチュア・オーケストラ「キュー・シンフォニア」を一九八六年に創設し二世紀にまたがってリーダー（コンサートマスター）を務めてきたという。こんな幸運があるだろうか！　徒歩四分で一流ヴァイオリニストのレッスンが受けられる。小学生だった娘に早速3／4スケールの楽器を持たせ、ヴァイオリン教師の家を訪れた。

フリーダはドイツ領だったころのシレジア（ヤルタ会談後はポーランド領になる）で生まれた。父親のコンラートはブレスラウの小学校の校長先生だった。

ドイツ軍がポーランド侵攻を成功裡に終えたあとで、勢い盛んなナチスはヒトラーユーゲント（青少年強化組織）の強化に力を入れる。ドイツ各地の学校長にヒトラーユーゲントの指導者になるべしとの命令が出る。コンラートもそれを受け取った。しかし自分の生徒たちに模範的なナチスの兵士などになってもらいたくはなかったし、ましてやその旗振り役などまっぴらだった。

コンラートは命令を無視する。ナチスはかんかんに怒り、二度目の命令を発する。それも脅しの警告を添えて。コンラートの意志は変わらない。彼はこれも無視した。その結果、彼の名前はナチスのブラックリストに載り、校長の職を失った。銃殺刑を受けてもおかしくない状況だったが、間もなくして徴兵の通知が届く。

コンラートはあきらめた。わたしはまだ小さかったから記憶にはない、とフリーダは言う。でも彼はフリーダの母と兄にこう言ったらしい。

「反ナチスでブラックリストに載ったわたしがさらに兵役拒否者となれば、この国はおまえたちの面倒は見ない。銃殺されてもおかしくないが、同じ死ぬにしても戦死となれば年金は出る。だから行ってくるよ」

主を失ったフリーダ一家は、自分たちの町が対ソ線の最前線になりかねないと知り、西へ西へと逃げた。こうして母とフリーダと兄の三人家族はニュルンベルクの南西、ディンケルスビュールに一九四四年一月に到着し、ある教師一家の地下室に住まわせてもらうことになる。

ディンケルスビュールはドイツでは珍しく戦争の災禍を受けなかった町で、日本人観光客にも人気のあるロマンチック街道上の珠玉の町として有名だ。町は城壁でぐるりと囲まれており、外部とは四つの城門でつながっている。

連合軍がノルマンディーに上陸し、その後アメリカ軍が町に迫っているというニュースに住民はおののいた。

「おののいた？　おかしいな。アメリカ軍を解放者だとは思わなかったのですか？」と僕はフリーダに尋ねた。

「解放されるなんて思いませんよ。アメリカ軍はドイツ軍を打ちやぶった、そもそもの敵ですよ」

町の指導者たちはアメリカ軍に対する最後の抵抗を試みようと、四つの城門に武装兵を配置した。兵士といっても十六歳くらいの少年ばかりである。青年・壮年の兵士たちは東部戦線やノルマンディーに取られていて不在だった。

これを見てフリーダの母親は激怒した。

「若い子の命を危険にさらすのはやめなさい！　もう十分に殺し、殺されたじゃありませんか！」

当時、これほど危険な発言はなかった。戦争末期のドイツでは戦争のゆくえについての発言にも注意しなければならなかった。「この戦争には勝たねばならぬ」というような発言に対して「そうだといいがね」などという生ぬるいことを言おうものなら警察にしょっぴかれた。「絶対に勝つ！」と応じなければいけないのだ。

だがフリーダの母親の勢いに町の指導者たちはひるんだ。少年たちは武装を解いて帰宅した。

そしてとうとうアメリカ軍がやってきた。地下室に隠れていたフリーダたちは、もうおしまいだと覚悟する。彼女たちは、アメリカ軍はドイツ軍以上に乱暴な軍隊だと信じ切っていた。さもなくばあのドイツ軍を破ってここまで来るはずがない。

地上から車の走行音や金属音、叫び声が聞こえてくる。六歳の彼女は、もうすぐ殺されるもうすぐ死ぬと震えていた。

アメリカ兵が四、五人、地下に続くドアを蹴破って降りてきた。彼女の恐怖は頂点に達した。アメリカ兵たちは市民の家に銃器が隠されていないか、一軒一軒しらみつぶしに調べていたのだ。だが彼らは礼儀正しかった。その数週間後、フリーダは額を大きく切るけがをした。町には治療できる場所がなく、彼女はアメリカ軍の宿舎へ連れていかれ、そこで治療を受けた。

「すごくやさしい人たちなので驚きました。ドイツ語の上手な兵士が、アメリカに残してきた娘のことを話してくれたり。悪魔だといわれていた人たちなのにこんなにやさしいんだ！　あのときのショックは忘れられないわ。ヒューマニティというものを全身で知った最初の体験でした。お菓子をもらって、抗生物質をもらって。ああ、これが人間と人間が交わすぬくもりか！　もちろん、七歳の子どもですからそんな言葉にはなりませんよ」

アメリカ軍のやさしさには感動したけれども、食糧の枯渇だけはどうしようもなかった。というのは、東から逃げてきたフリーダたちは同じドイツ人なのに避難民として差別され、食糧を手に入れづらかったのだ。週に何度か郊外の村へ行って食糧乞いをした。兄にしてもフリーダにしてもまだ幼いから、恵みを乞うて農家めぐりをするのは母親だった。数年前までブレスラウの校長夫人だった母には屈辱的だったけれども仕方がない。フリーダも、同じドイツ人から差別され見下されるのを恥ずかしく感じた。

その少し前フリーダの父親は、ソ連軍に打ちのめされて退却してきた友軍を迎える東部戦線にいた。一九四四年八月、ポーランドの北東端ビャウィストクで彼は戦死する。ヒトラーがベルリンで自殺する八か月前のことだ。

戦後、フリーダは西ドイツ（当時）のフライブルク音楽大学へ進み、シャーンドル・ヴェーグ（ハンガリー生まれのヴァイオリニスト。古澤巌《ふるさわいわお》の恩師）の教えを受ける。ある日、学校近くのワインバーで母親と食事をしていたとき、相席になった英国人夫婦と親しくなった。ロンドン南西の郊外、サービトンからやってきたという。夫婦はフリーダに、夏休みに遊びに来ないかと誘ってくれた。

二十一歳のドイツ娘、フリーダにとって初めてのイギリスは何もかもが珍しかった。特に夫婦が住む郊外の住宅のつらなりに驚いた。すべてが一戸建てかテラスハウス、つまり「家」で、それぞれに庭がついている。ドイツでは一般市民の住宅といったらほとんどがアパートだった。

夏休みになるとイギリス各地の寄宿学校は生徒が帰省して空っぽになる。そこを利用して、各種サマースクールが開催されることがある。ロンドンから八十キロばかり西へ行ったバークシャー州ニューベリー近くにある女子寄宿学校、ダウン・ハウス（一時期キャサリン妃が在籍）では音楽、演劇などのサマースクールを開催していた。

フリーダが招かれて滞在していた家には十六歳の娘がいた。その子がダウン・ハウスの音楽講習に参加するというので、フリーダは付き添ってゆくことにした。彼女は楽器を持ってきていなかったが、その講習で指導役をやっていたエオリアン四重奏団のヴィオラ奏者ワトソン・フォーブスが、あのドイツ娘はヴァイオリンを弾くそうだと聞きつけ、ヴァイオリンを一挺調達してきて「これを弾いてごらん」と彼女に手渡した。

彼女の演奏にエオリアンの四人はいたく感心し、その日からすぐにオーケストラのメンバーにされてしまった。付き添い役が主役になってしまったような話である。

そこにクラリネットの指導役としてやってきていたインペリアル・カレッジ物理学部の講師エドワードがフリーダにひとめ惚れする。

当時の写真を見せてもらったが、若いころのフリーダはイングリッド・バーグマンに似ている。だが、フリーダは英語が全然できなかった。ドイツの若者でまったく英語ができない人、などというのは現在では想像できないが、当時はそうでもなかったらしい。惚れこんだエドワードもドイツ語の会話などしたことがなかった。ただ彼はシューベルトの歌曲のうち百曲近くを暗記していた。物理学の徒エドワードはそこから使える単語、使える文章を選び、金髪の産地シレジア生まれのドイツ娘との会話を成り立たせようと苦心した。

前述のように、第二次世界大戦でフリーダの父親は戦死した。エドワードの祖父は第一次世界大戦における歴史的会戦、ソンムの戦いで戦死していた。僕たちは二人とも犬死にした親たちの子どもか、とエドワードが皮肉ったとき、フリーダはその無意味な死をドイツ語ではカノーネンフッター（Kanonenfutter）と表現すると言った。大砲の餌食という意味だ。エドワードが、ああそれは英語と同じだね、英語だとキャノン・フォダー（cannon fodder）、と教えてくれた。

英語はフリーダにとって長いあいだ悩みの種だった。彼女はいったんドイツへ帰り、一九六〇年にあらためて渡英し、エドワードと結婚する。新居はロンドン南東の郊外、ブラックヒースの小さなアパートだった。大学講師のエドワードの給料ではそんなところが精一杯だったのだ。彼女は不幸だった。英語が一向にうまくならない。本は読めても会話を交わすことができなかった。ロンドンの一部とはいってもブラックヒースとなると田舎めいてくる。まだ敵国ドイツに対する怨嗟《えんさ》が残っていたのか、それともフリーダのパラノイア（妄想）か、地元の人々が皆ドイツ娘フリーダに敵意を抱いているような気がしてならなかった。

特にスーパーマーケットの売り子が彼女にきつく当たった。フリーダとしては何とか打ち解けようとするのだけれど、もごもごしたドイツ語なまりの英語を口にするとますますバカにされる。欲しい物も買えない。一番困ったのは肉だった。イギリスだと牛肉はフィレ、サーロイン、ランプ、リブアイくらいの区分けしかない。ドイツだともっとこまかく分かれていたし、ドイツでは普通に売っている部位もスーパーでは見当たらない。そもそも対応する英語がわからなかった。

エドワードの同僚などとの集まりでも、会話についていけなかった。ここで何か言える、と思った瞬間に話題はもう別の方向へ飛んでいた。

「自分が何者でもないということをつくづく思い知らされました。イギリスでは生きていけないバカなんじゃないか。こんなところにいてもいいのだろうかと考えはじめてしまうんです」

フリーダの妊娠を機に、二人はロンドンの北方へ引っ越す。レッチワースという英国で初めて設計された「田園都市」である。英国には珍しく、街路が幾何学的に走っている。ロンドンから六十キロばかり離れているのでエドワードの通勤には時間がかかったが、環境は良かった。

「そこでわたしは救われました。地元のヴァイオリニストが室内楽団に誘ってくれ、やっとわたしは自分の声を取り戻した。わたしのアイデンティティね。そして子どもが生まれたことも自信につながりました。母親になるというのは誇らしいものです。特に、生涯の親友になったそのヴァイオリニストとも一人が同じく新生児を抱えていて、みんな新米の母親でありかつヴァイオリニストであるという二重の仲間意識に助けられました。すると英語も上達するのよ。日常生活に自信が出てくると、英会話はよく耳に入り、ずうずうしくしゃべってしまうことも可能になってくる」

いまだにWの発音が「ヴ」になるけれど、フリーダの英語は早口といっていいくらい流暢だ。

設立から三十年以上キュー・シンフォニアのコンサートマスターをしていたフリーダは、あちこちのコンサートでソロとして演奏したり、リサイタルを開いたりしている。自宅でのヴァイオリン・レッスンは評判が高かったけれど、数年前に大病にかかってからは三人しか教えていない。

夫のエドワードはクラリネット奏者だがピアノも上手で、妻のヴァイオリン・レッスンの際には、ときどきピアノ伴奏を引き受ける。今はインペリアル・カレッジの名誉教授だが、現役時代は数理物理学部の部長を務めていた。

彼は七〇年代に日本の国立大学の招きで、フリーダを伴って日本に三か月ほど滞在していたことがある。スズキ・メソードに感服していたフリーダが日本でやりたかったことは、松本市に住む鈴木鎮一《しんいち》に会いにゆくことだった。名古屋の近くにあるヴァイオリン工場も見にいったという。

「どうでした、鈴木氏は？」

「びっくりしましたよ、ずいぶんのんびりした人だなって。ヨーロッパでヴァイオリンの指導者といったら……」

「あとで、ああいうふうな指導をしなきゃいけないよ、とフリーダには言ったんだ」とエドワードが口をはさんだ。常々、妻の指導方法がきつすぎると注文をつける夫である。僕の娘もときどき泣いた。

「鈴木さんの奥さんはドイツ人なんですよ、ベルリン生まれの。美しい人でね。大戦中は東京にいたんですって」

こういう話を聞くと、僕は必ずあれとこれとを結びつけて夢想してしまう。同時期に、ディンケルスビュールで物乞いをしていた「避難民」フリーダと、おそらくは東京から避難して軽井沢で暮らしていた鈴木夫人という二人のドイツ人女性……。

「齋藤秀雄も同じ世代だね、小澤征爾の恩師の」とエドワードが言う。小澤が率いるサイトウ・キネン・オーケストラのおかげで、指導者ヒデオ・サイトウの知名度も高まっている。

「日本で驚いたのは」とエドワードが言う。「集中力の欠如だった。すぐ雑談を始める、しょっちゅうお茶を飲む」

「それはどこの話ですか？」

「大学ですよ。僕がいたのは○○教授の研究室だったけれど、ほかの大学でもそういう感じがあったな。インペリアルではああいうことは絶対にない」

そう語るインペリアル・カレッジ物理学部の名誉教授も、カセットに録音した音楽のCDへの転送はできない。彼はもう八十代後半だが、理屈を教えてくれれば自分でできると主張し、僕は必要なアプリケーションと操作手順を紙に書きながら教えてやった。数日後、どうしてもできないという電話が入る。それでは僕が自宅でやります、と言うと彼は、カセットテープの重さで持ち手が伸びきったようなスーパーマーケットの袋を下げて、うちの戸口に現れた。膨大な数のカセットに驚いていると、エドワードは「大切な思い出なんだよ」と言った。

その夜、捨てずに残しておいたナカミチの古いカセットデッキで、エドワードのカセットをラベルを読みながら一本ずつ試聴した。すべて一九七〇年代から九〇年代初めにかけての録音だった。細いボールペンで曲目がきちんと記され、必ず丸囲みのEかF、ときにはその両方が書き添えてある。Eはエドワードのクラリネット演奏、Fはフリーダのヴァイオリン演奏、EとFがそろっているのはエドワードのピアノ伴奏でフリーダが弾くヴァイオリン曲か、二人が一緒に参加している管弦楽曲だった。もちろん後者の場合、二人の音色を聞き分けることなどできないが。

プロの録音ではなく、どれも家庭用のカセットレコーダーを会場に持ちこんで録音されたものなのだろう。ただ、モーターのゴロゴロ音がまったく聞こえないところをみると、外部マイクだけは使っていたようだ。音が薄かったり、反響が多すぎたり、ダイナミクスが偏っていたりするのは仕方がない。それでもフリーダのヴァイオリンの美音とエドワードのやさしいクラリネットははっきりと聞き取れる。

大切な思い出——二人の音楽活動の記録、というよりも人生の記録だった。キューの教会での演奏、今でも古い新聞で宣伝が見つかるロンドンの小さなホールでの演奏会、録音場所不明のリサイタル。モーツァルト、ストラヴィンスキー、アーノルド・バックス、シューベルト。毎日少しずつ、元の録音の雑音を多少除去したり、ダイナミクスを調整したりしながらCDに焼いていった。

ある日、エドワードが入院したという話が入ってきた。すぐに僕の妻がフリーダに会いに行った。癌の手術を何度かくりかえし、うちの娘がヴァイオリンを習いに通いはじめたころに比べると別人のようになってきていたエドワードだった。幸いにしてそのときの入院は大事に至らず、一週間ほどで退院してきた。

僕はカセットテープのＣＤ化を急いだ。

そうこうするうちに世界はコロナ・ウイルスに襲われ、英国では外出禁止令が出る。高齢に加えて癌患者であるエドワードも心臓病を抱えるフリーダも、政府の区分によれば最高位の要注意市民となる。一切外出は許されず、家族であっても一緒に生活していない非同居人は面会禁止になった。

僕たちは、彼らの日常品の代行購入を引き受けることにした。エドワードは寝たきりだったけれど、幸いにしてフリーダは元気だ。電話で注文取りをし、買い物袋を彼らの家の前に置いたあとドアをノックして立ち去り、フリーダがドアを開けて袋を回収するのを離れた歩道から見届けて手を振って別れる。

あれから丸三年、最悪の日々は去ったような気配ではある。しばらく前に、二人は久しぶりにロンドンのコンサートへ出かけた。その日、僕は犬の散歩の途中で、駅へ向かう彼らに出会った。寄り添って歩く二人の足取りは痛々しいくらいに遅くなっていた。数年前までの元気な歩みを知っている僕にはショックだった。

「コンサートなんて何年ぶりかしら」

エドワードと腕をからめたフリーダは、子どものような笑顔を見せた。

日本を憎んだ人たち

妻はアーティストである。僕の最初のロンドン勤務時、すでに彼女は地元の芸術家集団の仲間になり、個展を開いたり、グループ展に参加したりしていた。日本へ帰って横浜に住んでいたときも個展を開き、僕の二度目のロンドン勤務でこちらへ戻ってきてからもすぐに、かつてのアーティスト仲間と一緒にグループ展を開いた。

開催日前日のレセプションの準備のため、参加するアーティストたちが立ち働く夕方、会社帰りの僕は手伝いのために会場に立ち寄った。作品の搬入だとか、展示の最終手直し、ラベルやカタログの整理というこまかい仕事がいろいろ残っていた。

僕が入り口近くで、作品につけるラベルを発泡スチロールの薄い板に貼る仕事をしていたとき、妻は会場の奥のほうにいた。自分の作品の配置を整えている最中だった。

しばらくしてまたその方角を見ると、妻はかなり年輩の女性と話しこんでいた。腕組みをして難しい顔をしている。相手の女性の顔はわからない。薄い紫色のショールが背中に垂れているのが見えるだけだ。

作業を終えて家へ帰る道々、妻が話しはじめた。

「ケイティという人が近づいてきてね。彼女も今回のメンバーだけど、変なことを言うの」

紫色のショールの女性か、と尋ねるとそうだと言う。

「変なことって？」

「明日のレセプションにはあなたの夫に来ないようにしてもらえないか、って」

「『あなたの夫』って僕のことか？　僕には来てほしくないというの？」

「そう」

「なぜ？」

「ケイティのお父さんは絵が好きで、娘の展覧会をいつも楽しみにしているんだって。だから明日は必ず見に来る。車椅子を乗せる車の準備もすっかり整えて楽しみにしている」

「僕がめざわりなんだな」

妻の話の腰を折り、先取りするような格好で、とりあえず軽口を叩いてみた。状況をまったく呑みこめてはいなかったのだけれど。もちろん百パーセント冗談のつもりで。

ところが妻は「そうなのよ」と百パーセントの確かさで肯《がえ》んじた。「あなたが会場にいるのを見たら、お父さんがアップセットするだろうと言うの」

アップセットとは動顛する、腹を立てる、取り乱す、むかつく、というような意味だ。
「どうして？」と、僕はやはり気を悪くし、本気で驚いた。
「彼女のお父さん、日本軍の捕虜だったんだって。第二次世界大戦のときに」

そのときからさかのぼることおよそ二十年前、最初のロンドン勤務時に、英国にはＶＪデイなるものがあることを知った。「Victory over Japan Day（対日戦勝記念日）」の略字である。日本の終戦記念日がその日に当たる。

八月の中旬、イングランド南西部を自動車で走りまわり、目的の町に着いたとき、やたらと英国国旗があることに気がついた。そして国旗と同じ数ほどの「ＶＪ」という三角旗が。通りの両側には人々が立ちならんでいた。小旗は持っていなかったような気がする。ただ、何かがやってくるのを心待ちにしている気配があった。

しばらくすると国旗とＶＪマークを付けたジープが何台かゆっくりとやってきた。ところが次に来たのは本物の装甲車だった。あっけにとられた。もちろん国旗とＶＪマークに飾られて。この人たちは第二次世界大戦で日本に勝利したことを祝っているのだな、と少しずつわかってきた。

すぐに理解できなかったのには、自分の勘がすぐ働かなかったのには、理由がある。この国が日本に対する勝利をことさらに祝う国であるはずがない、という思いこみが強すぎた。事情を理解したすぐあと、その思いこみの反動で今度は感受性が敏感になり、被害妄想に襲われた。沿道で装甲車に拍手している市民たちが皆、僕を敵視しているような気がしてきたのである。ほかに日本人は見当たらない。孤立無援だ。

この心の動揺をふくめた一部始終を、僕はかたわらの妻にひそひそと話した。だが、永世中立国スイス人の妻はまったく動揺しない。

「戦争に勝ったなんてまだ喜んでるの、バカじゃない？」

だが翌日その町を去るまで、なんとなく気持ちが悪かった。B級映画によくあるではないか、道に迷ってやむなくある村に泊まったが、真夜中になると村人全員がゾンビーになって襲ってくる、というようなのが。

アメリカでももちろん対日戦の勝利を祝いはする。だが、終戦直後こそ「日本との戦いの」勝利と意識されていたが、一九九〇年代に至って「太平洋戦争での」勝利というマイルドな言い方に変わってきていた。もちろん日米同盟尊重の心理が働いてはいただろう。別の見方としては、日米戦というのが真珠湾攻撃で劇的に始まり、広島・長崎という劇的な終わり方をし、アメリカが圧倒的勝利を収めたことはあまりにも明らかなので、わざわざ対日戦勝という言い方をしなくてもよかった、という事情もあるだろう。

だが、英国では現在でもなおＶＪデイを特別の日として祝っている。最初にイギリス南西部でＶＪデイの祝い方に接したときの体験もふくめ、単純な言い方をすれば、彼らはだいぶ「根に持っている」ようだという嫌な感じがあった。

第二次世界大戦というのは英国にとっては植民地帝国崩壊の始まりで、局地戦では負けてばかりいた。シンガポールでの日本軍に対する敗退にしても、ダンケルクの撤退にしても、大英帝国が立てつづけに赤っ恥をかかされた瞬間だし、アメリカが参戦してくれなかったらロンドンにハーケンクロイツがたなびいていたかもしれない。

それだけに、人種差別の感情とあいまって対日勝利はにぎにぎしく祝う価値のある勝利だったのだ。それがアメリカの驥尾《きび》に付して得た「配当」であったにせよ。であるからこそ、日本軍の捕虜になって虐待されたことは悶絶の恥辱だった。


結局仕事が忙しくてレセプションには行けなかった。そもそも行くことも計画していなかった。ともかく、ケイティの父親に会うことはなく、一触即発の危機も回避できた。あとでケイティの家の事情を聞くと、彼女の父親はマレー半島で日本軍の捕虜収容所に入れられてひどい扱いを受け、いまだに精神に変調をきたすらしい。それでケイティの家族はみんな日本人が大嫌い。もちろんこういう話は僕のいない場所で妻に対して語られたことだけれど、妻によるとケイティの顔は憎しみにゆがんでいたという。

英国には日本軍の捕虜になっていた人々が書いた手記が山ほどある。日本の出版界は昔から翻訳に貪欲だけれども、このジャンルばかりは翻訳が少ない。無理もない。僕自身も何冊か買ってはいたが、積極的には手が伸びず、読みはじめても途中でページを閉じてしまう。あまり読みたくない話が次から次に出てくる。

英語になった日本語として、ツナミとかカラオケ（カラオキーと発音する）などがあるが、ＴＥＮＫＯもそうだ。テンコウと発音されるので最初わからなかったが「点呼」のことだった。アメリカではなく英国の辞書に載ったのが最初だ。つまり、戦争捕虜として収容所に捕まっていた英国兵士は、何かあるたびに点呼を取られ、そのときの日本軍兵士の「テンコォ！」という怒鳴り声が耳にこびりついていて、母国へ帰っても忘れられなかったというわけだ。あげくのはてにはＢＢＣが「ＴＥＮＫＯ」というタイトルのテレビドラマ・シリーズを作った。一九八一年から四年間も続いた人気番組で、東南アジアのある島の日本軍収容所で暮らした英国、オーストラリア、オランダの女性たちの苦難の物語である。

東京の大学を卒業したあと日本を離れて六十年以上という女性がイギリスのウィルトシャー州に住んでいる。作家のシャーウィン裕子《ひろこ》である。彼女はハーバード大学、プリンストン大学で学び、長らくアメリカに住み、当時のウーマン・リブ運動を何冊かの著作で日本に紹介した。その後スイスにしばらく住んだあと一九九九年にイギリスに落ち着いた。

彼女が英語で書いた小説『Eight Million Gods and Demons』の日本語訳『夢のあと』(講談社)の作成に協力したのが、彼女と知り合うきっかけだった。

彼女は二〇〇九年に『それでもぼくは生きぬいた』(梨の木舎)という本を出した。日本軍の捕虜になったイギリス兵の物語、という副題通りの内容のノンフィクションである。彼女はあとがきで次のように書いている。

「私はイギリスに住んでイギリス人の日本に対するしこりを感じ、その理由が捕虜問題にあることを知った」

三十年以上の米国在住期間中には感じなかったしこりを、数年間の英国暮らしで感じた。それは「根に持っている」と僕が感じたものと同じに違いない。六万人の英連邦兵が三年半も日本軍の捕虜だった事実さえ知らぬ多くの日本人と、語りつがれた捕虜の歴史を忘れないイギリス人とのギャップの激しさに驚いたのが同書執筆の動機だったという。

こうして彼女は日本軍の捕虜となった六名の英国人、ないしはその家族を訪ねて歩く。達観した感じの人もいれば恨み骨髄の人もいる。究極の目的を相互理解に置いたにしても、ずいぶんつらそうな旅である。ある意味では巡礼といってもいいかもしれない。

彼女も僕とよく似た経験をしていた。

「うちの近くに銀行マンが住んでおりましてね、ときどき道で顔を合わせてはあいさつをしていたんです。ところがある日、じっくり話したいような感じで足を止めて『わたしは日本に特別な関心があるんです』と言うの。それはそれは、とちょっと驚いていると、彼はこう言いました。『父が第二次大戦中に日本軍の捕虜だったので』」

「それは僕の体験に似てますね。日本に関心がある、とは言われませんでしたがね」

「彼はトレバーというの。紳士的な人で『父は戦争を恨んだけれど日本人は恨まなかったんです』と言うのよ」

「いやはや、そこまでいくと僕の体験とはまったく違う」

「戦後、彼の父親は日本のファンになって三回も日本へ行ったんですって」

「で、彼の父親は？　捕虜だったその人？」

「ああ、チャールズはもう二十年以上前に亡くなっています。でもチャールズは膨大な手記を家族に残していました」

医学生だったチャールズは真珠湾攻撃直後、シンガポールへ出征した。そこで日本軍の捕虜になって九か月を過ごしたが、日本国内の労働力不足を補うために門司へ移送され、下関の鉄工所で働かされた。そこで終戦を迎え、福岡から太平洋、アメリカ経由でイギリスに帰国した。途中、原爆で破壊された長崎も見ている。足跡だけを記せばこれだけだが、各収容所、強制労働の現場での虐待はすさまじい。さらに、地球を半周して帰国した彼らを迎えた英国社会は冷たかった。

「人々が冷たかったのは、ヨーロッパからの栄光の凱旋軍と違って、彼らが負け戦《いくさ》で捕虜になった兵士たちだったからでもあった。三年半もの年月を異国の檻に過ごした捕虜たちは、勝ち戦の英雄たちと同様に、またはそれ以上に感謝と同情を持って迎えられるべきだったのに、人は勝者をもてはやし、敗者を顧みなかった」(『それでもぼくは生きぬいた』から)

英国民は欧州での勝利を五月八日に盛大に祝った。そのときの熱狂はものすごく、十九歳だったエリザベスは女子国防軍制服で正体を隠し、バッキンガム宮殿を抜け出して町の大騒ぎに混ざったくらいだ。だが、そんな歓喜も三か月後には消えていた。VJデイが醸し出す雰囲気に、ドイツに勝ったときの青空のような高揚感がないのは仕方がない。

戦後、日本を好きになったというチャールズだけれども、息子のトレバーによると、父親は晩年まで戦争の後遺症に苦しんでいたという。

「夜は眠れずに父は悪夢を見て叫び、芝刈り機を押すときには手首が恐怖と不安で白く震えました。話してもだれにもわかってもらえない戦争中の衝撃的な思い出を胸深く秘めていて、それに憑きまとわれていたのでしょう。こうしたことは元捕虜に共通なトラウマだったのに、長らく医者も国家も癒しの努力をしなかったのは残念なことでした」(前掲書、トレバーの談話)

日本軍の捕虜になった英国兵たちの手記を読むのはつらい、と洩《も》らすとシャーウィン裕子はこう言った。

「捕虜になった英連邦の兵士たちの体験記、どれくらいあるかご存じ？」

「どうでしょう、三十冊……四十冊？」

「ゆうに百冊は超えるでしょう。日本人として読むのがつらいのはわたしも同じですよ。でもなかには日本人の悪口をひとことも語らず、逆境のなかで前向きな精神を維持した人もいる。そういうのを読むと、気分が高揚してきます」

ある学者によると、英国で書かれた日本関連本としては、経済や文化などよりも、日本軍捕虜収容所での体験を書いたものが一番多いらしい。僕がＶＪデイに無知だったのと同時に英国人たちが「根に持っている」ように感じたという非対称的認識を裏から照射するような情報だ。

小柄な女性ではあるけれど、彼女の突貫精神には驚いてしまう。もっと幅広く、日本軍の捕虜になっていた英国人兵士の直接の声、歴史意識に接したかった彼女は、スタッフォードシャー州にある戦没者追悼植物園で開かれた「極東捕虜の歴史研究会」という会議に参加する。二年に一度開催される会議だが当然かつての捕虜の出席は年々減ってゆく。彼女が参加した二〇〇八年の会議では八十歳から九十代半ばまでの十五名だけだったそうだ。ほかは民間抑留施設に入っていた人たち、元捕虜の子どもや孫など。

大半の人たちは異例の日本人参加者に友好的だった。だが、父親が収容所で死んだという女性は、彼女が握手の手を差しのべると、一瞬それにこたえて手を伸ばしかけたがその手が震えはじめ、すぐに引っこめてあらぬほうを見たという。まるでレセプション前夜のケイティの姿ではないか。

百数十人が参加したその会議の最初のテーマは「シンガポール陥落に至るまで」。歴史家による基調講演のあと、元捕虜の老人たちがヨロヨロと演壇に上がって次々に体験談を語る。病院のベッドで横たわる英国兵を次々に銃剣で刺していったケンペイタイのこと（三百人以上が刺殺された）、一日十六時間労働をにぎりめし数個だけで強要されたこと、拷問の話、死んでいった友人の思い出。それとは逆に、日本兵だって苦しみながら死んでいった、と証言する者、十九世紀末の南アフリカで英国がなした残虐行為を忘れるなと言う者もいた。民間抑留施設にいた老女は、監視の目を盗んでコンデンスミルクの缶を投げてくれた日本兵を忘れないと言った。

彼女は泣きながらそうした話を聞いていた。近くにいた参加者が「戦争の話は両方の話を聞かなければね」と慰めてくれた。「この会は英国側から見た話だから、あなたにとってはさぞかしつらいでしょう」

会議の最後に参加者の自由発言が許された。

妙に興奮して精神がたかぶっていた彼女はわれにもあらず、挙手して立ちあがり、みんなの前に歩いていった。何を話すか準備もないまま震える手でマイクを握った。

「この会議に出席している日本人はわたし一人のようです」と興奮しすぎたせいでしどろ

もどろになった英語で話しはじめる。

「お別れする前にひとことだけ言わせてください。ここにお集まりになった皆さんと、あの忌まわしい戦争のために苦しんだ世界中のすべての人々のために、一人の日本人として深くおわびを申しあげます」

終わりのほうは涙声になってしまって、きちんと話せなくなったからお辞儀だけして逃げ出してきた。大きな拍手だけは聞こえました、とシャーウィン裕子は言う。

二時間かけて帰宅すると出席者数名からメールが届いていた。

「わたしたちはもう日本を憎んではいません。あなたの世代が過去のことについて謝る必要はありません」という内容が多かった。

しかし、一通だけこういうのがあったという。

「日本人個人は良心的で礼節を知る人々なのですから、国としても高潔な態度を示し、今からでも遅くありませんから昔のことについて謝罪の意志を示してはいかがでしょう? 国家の品格とは、そうした基本的な礼儀を守るかどうかで測られるのではないでしょうか」

オリヴァーの脱出

オリヴァーは香港生まれの中国人で、ハイドパークの南側に住んでいる。数年前まで、彼はヘッジファンドのマネージャーをしていた。彼の妻エミーと僕の妻が出会い、その関係で僕もオリヴァー、エミー夫妻と知り合った。エミーはハイデルベルク大学出身のドイツ人で、ドイツ語を母国語とする僕の妻とは深いレベルで理解し合っている（ように見える）。オリヴァーはケンブリッジを卒業したあと、東大に留学。それと同じ時期にエミーは上智大学に留学しており、二人は千葉にある留学生用アパートで知り合って結婚した。

香港、ドイツ、スイス、日本という四国籍者がロンドンという異国の場で、銀座の伊東屋の話で盛りあがるというのも面白い。東京という磁場にいったん寄せられた者どもが、また別の磁場ロンドンでワラワラと集うという現象は、メガロポリス二極間ならでは。ロンドンとリスボン間、あるいはパリとシカゴ間だったら成り立ちにくそうだ。

さてオリヴァー。彼は香港生まれの香港育ち。漢字の中国名を持ってはいるが、香港人らしく英語名がもはや本名となっている。そして彼の父親も香港人ではあるが、もともとは山東省の生まれだった。

ドイツ帝国が一八九八年の膠州《こうしゅう》湾租借条約を基に山東省の青島《チンタオ》占領を始めてから、小さな漁村に過ぎなかった青島にはドイツから各種エンジニア、教師、商人などがやってきて町造りを始め、十六年後に第一次世界大戦が始まるころにはすっかりドイツ風の町になっていた。リトル・ベルリンと称されたくらいだ。ドイツ人は近代的な学校建設にも力を入れ、その数は占領以降着実に増えていった。

日本は第一次世界大戦でドイツに勝って青島を得たり（日本による第一次統治）、一九二二年にそれを中華民国北京政府へ返還したりの往来はあったけれど、一九三七年に日中戦争が始まってからは傀儡《かいらい》政府である中華民国臨時政府を通して同地の支配を強化し（第二次統治）、ドイツ統治時代から着実に数を増やしてきた学校を利用して、日本語教育の拡充に努めた。

オリヴァーの父親はこの時期、青島で学生時代を過ごし、日本語教育を受けた。当時の青島には選りすぐりの日本人教師が派遣されていたようで、彼はこの教師に感銘を受け、日本式教育水準の高さに驚き、ドイツに負けず劣らずの工業力を持つ（と彼の目には映った）日本に好意を抱くようになった。

第二次世界大戦が終了したのちの一九四九年六月、中国人民解放軍が青島に入城する。

日本人支配下の土地にいた父親は、解放軍の強制収容所に入れられた。二十歳そこそこだった彼は香港へ逃げた。同時期に広東から香港へ逃げてきた女性と結婚する。彼女がオリヴァーの母親になった。要するにオリヴァーの両親というのはどちらも中国共産党を忌避して中国大陸を逃れ、香港で新生活を夢見た若者だったのである。

だがいずれ英国は香港を中国へ返還する。一八九八年からの租借期間は九十九年と定められていたから、一九九七年には中国の一部になるのは既定路線だった。青島で占領者がくるくると変わる体験をし、共産党支配から逃げ出した実行力のある父親は、ここでまた画策する。

ある夏の初め、中学生のオリヴァーは夏休みに家族旅行でロンドンへ行ってみないかと両親に提案される。学校の試験の成績が良かったごほうびとして。宗主国を見てみるのもいい勉強になる。オリヴァーは、できるならばアメリカか、父親がいつも称賛している日本へ行ってみたかった。

「アメリカは金がかかるし、日本はいつでも行ける」と彼の父親は言い、オリヴァーの弟、妹を引き連れた両親は、英国を目指して飛び立った。

ロンドンに到着して約一週間、ロンドンの観光名所をあらかた見物し終えたオリヴァーら子どもたちは、ホテルの両親の部屋に呼ばれた。

父親が下した宣言に子どもたちは愕然とする。もう香港には戻らない、一家はロンドンに住むと言う。

「学校はどうするの？」と尋ねるオリヴァーに、父親は心配するなという。オリヴァーは手続き面での質問をしたつもりだったのだが、返ってきた答えに彼は面食らった。

「おまえたちは来月から寄宿学校《ボーディングスクール》で暮らせるようにしてあるから」と父親は兄弟に向かって言った。妹は免除らしい。

オリヴァーには寄宿学校の意味がわかったけれど、弟たちにはよくわからない。「ホテル付きの学校のようなものさ」と説明しながら、自分ではそれを了としているのかどうかはわからない。

昔の中国で日本贔屓になって共産党に楯突き、香港への脱出を実行した父親のことだ、いくら突拍子もないとはいえ熟慮の結果であるらしいこの計画を放棄するはずのないことは、オリヴァーにはよくわかっていた。

「でもお父さんたちはどこに住むの」

「ロンドンの北に家を見つけた」

「僕たちもそこに住んで、そこから近所の学校に通えばいいじゃないか」

「いいか、おまえたちは一日も早くイングランドの英語を身につけなければいかん。そのためにはお父さんとお母さんと住むより、寄宿学校で朝から晩まで本場の英語漬けになったほうがいいんだよ」

こうして両親にだまされてロンドンの寄宿学校へ拉致された兄弟だったけれど、好奇心がまさって嫌な気持ちはそれほど強くなかった。それに常々両親から中国共産党の恐ろしさを聞かされていたオリヴァーは、自分が三十代を終えるころ、香港が中国の一部になっているであろうという事実をどう考えていいのかわからずにいた。父親のこのトリック自体が、それに対する有無を言わさぬ圧倒的な回答だったのだ。

英国の寄宿学校での勉強は、そんなに難しくはなかった。その後、彼はケンブリッジ大学に進み、物理学を学ぶ。東大に留学していたころ、日本はバブル経済直前、帰国した英国でも金融改革、ビッグバンの話が煮詰まっていた。

イギリスへ帰ってきてからオックスフォード大学で物理学の講師をしていたオリヴァーだったが、実業の世界が魅力的に見えてきた。量子物理学から金融工学へ鞍替えした彼は、九〇年代半ばに米系のヘッジファンドに雇われる。取締役にノーベル賞受賞者が二人もいた有名なヘッジファンドだ。急成長を遂げ世界中から注目されたファンドだったが、一九九七年のアジア通貨危機と九八年のロシア財政危機をきっかけに破綻する。その後、同ファンドの設立者が別のヘッジファンドを作り、オリヴァーはそこでパートナーになった。だが二〇〇七年、金融危機発生の直前に彼は投資の世界を去った。

十三年間ロンドンでヘッジファンドの第一線を走りつづけてきたオリヴァーは、まったく違う世界を開拓することにした。教育の世界である。得意な物理の分野を軸に、小学校とセカンダリー・スクールの教育現場に科学の面白さを浸透させようという企画だ。イギリスの学校では「ワークショップ」と称して、外部教育者を招くことが多い。科学、芸術、音楽など各分野で教科書だけではカバーできなかったり、実技・実験のデモンストレーションや手取り足取りの指導が必要な場合、プロがチームを組んで数日間各校へおもむいて実地指導をする。彼はこの仕事をロンドンを中心に、三年ほど続けた。

金銭的な困難があったのかどうか、詳しいことはわからないが、その後彼は再び投資の世界に戻った。ただし今度はヘッジファンドではない。

小学生を相手に、科学のさまざまなテーマをめぐってやりとりするなかで、今更ながらだが、あらためて確認したことがあった。子どもたちは無条件に科学を人間の役に立つものと考えている。多少抽象的な考え方のできる子どもは、真理に到達するために科学はなくてはならないものと見なしている。彼はその無邪気さと純粋さに打たれた。

それ以来、人類の、役に立つ、科学的な、投資、という言葉の組み合わせがオリヴァーの胸を去来した。

その後、オリヴァーが身体を壊したという話を、妻同士の会話経由で知る。ほぼ同時期に、彼はまた新しい投資会社を作ったという噂も耳にしたが、コロナ騒ぎで英国全体がロックダウンという戒厳令まがいの状態に入り、彼らと直接話す機会がなくなってしまった。よその家との往来が原則禁止され、車の往来はほぼなくなり、飛行機はまったく飛ばず、僕たちは空を見上げて、空というものはこんなにも美しく静かなものだったかと妙に感心していた時期だ。小鳥の鳴き声がこんなにもやかましいものだったのか、と気づいたりもして。

それからしばらく経ったある夏の宵、オリヴァーとエミーを夕食に招待した。コロナ禍での交友規制が緩和され、一家族だけなら自宅に招いてもいいことになって数日後のことだった。面白いものでこの緩和以降、土日になると近所の通りに駐車する車の数がめっきり増えた。みんな嬉々として知人や友人宅を訪問しはじめたのだ。

二人がうちに来る楽しみのひとつが、日本料理にありつけることだと了解していたから、スズキの煮付けとちらし寿司を準備した。煮魚というものを欧米人はあまり好まないようだけれど、千葉暮らしの経験のある二人は、ああ懐かしいと喜んでくれた。だが目玉はちらし寿司である。というか米である。彼らを最初に招待したときから、オリヴァーのご飯の食べっぷりには感動していた。白米を食べるとなるとやっぱり嬉しそうにおいしそうに食べる。ああ、米食い民族だなぁと僕は感じ入るのであった。今日も、腹をすかせた若き日の周恩来といった風貌のオリヴァーが、ちらし寿司をお代わりしている。

食卓での最初の話題はエミーの助産婦体験記だった。ハイデルベルク大学で日本文学を専攻し、上智大学でさらに日本語に磨きをかけた彼女だったが、主婦業をやっているだけでは飽き足らずに、ロンドン大学キングス・カレッジで産科学を学び五十代で助産婦になったのである。

彼女の話がひとしきり終わったあと、僕はオリヴァーに尋ねた。

「投資の仕事を再開したと聞いたけど？」

「うん、モラルを反映した投資というべきかな」

「ヘッジファンドの教科書には出てきそうもない言葉だね」

「ヘッジファンドはもうやらないよ」

「なぜ急に方向転換を？」

「今の世界を考えたらそれしかない。ＥＳＧ投資っていうでしょう？　サステイナブル（持続可能）投資とか」

「ああ、そちらの方向へ向けていくと……」

「いやいや、そういうわけではない」と、オリヴァーは表情を固くした。

「わからないな。資源には限界があるという認識は正しいんでしょう？」

「その点は正しい。そこまではいい。僕が懸念しているのは『持続可能投資』という言葉のウソ臭さなんだよ。サステイナブル投資銘柄なんてものまで現れてきた」

「だけど地球にやさしい企業とか人権意識の高い企業を支持してやるのは悪くない」

「と、抽象的に言っている分には無害。しかしそうした銘柄に人気が出て金が集中するとどうなるだろう？　二〇二〇年に世界三十数か国の投資家の期待リターンを調べたら、平均で十一パーセント弱。少なくともそのレベルを期待してみんなお金を投じている」

「それは欲張りすぎじゃない？」

「それは日本人の感覚だね。日本人というのは利回りの期待値が低いんだ。欲がない。六パーセントあればよしとしている。アメリカ人は十五パーセントくらい出せと言ってくる。ともあれそれだけのリターンを期待されてしまっては、環境にやさしいと標榜している会社であっても、最低でも利回り十一パーセントを確保しようと頑張らざるを得ない。そのうえコロナ禍にもかかわらず二〇二〇年には全世界でサステイナブル投資銘柄にものすごい金額が投下された。前年の倍だよ。市民が環境問題に敏感になったから、というのではなく投資業界が『これからはサステイナブル投資銘柄ですよ』とあおるせいでね。環境を守らなければ、とピクピクしたウサギのような表情の、最初は無視されることも多かったけれど使命感に燃えた善意の少数者が始めたものが、今では猪突猛進の投資トレンド商品になってしまっている。これにこたえている会社の代表格が電気自動車のテスラ。あそこの株価はたった一年で十倍になった。時価総額は全世界の大手自動車メーカーを合計したのより大きい。果たしてこの膨大な金額は地球温暖化の阻止に貢献するだろうか？　疑問だね。今のところはっきりしているのは、ウサギの善意に乗っかって膨大な金儲けをした連中がいるということ。そして金余りのテスラは、期待されたリターンを稼ぎ出すために本業以外のところに金を注ぎこむ。そのひとつがビットコインの売買でしょう。で、ビットコインには膨大な電力が必要になる。取引チェックのために回す世界中のコンピューターが食う電力。この前BBCでやっていたでしょう、一年間でどれくらいの電力がいるか。なんと百二十テラワットだよ」

「ピンと来ない……」

「日本は確か千テラワットを切るくらいだから、日本の年間消費電力の十二パーセント以上」

「なるほど」

「イギリス人にわかりやすい言い方をすると、全家庭のヤカンを二十七年間沸かしつづけられる電力。となると当然安い電力を求める。石炭火力の出番だ」

「一番環境にやさしくないやつね」

「だけど、テスラを買っている人は温暖化対策に貢献していると思っているんだから。免罪符みたいなものさ」

こんなふうにして、その夜、僕はオリヴァーと夜更けまで話した。そこでわかったのは、彼が新たに投資会社を作ったというのは正しくなく、彼は友人と共に投資に関する啓蒙的なシンクタンクを作ったのだった。資源に限りあるこの世界でどういう投資戦略を立てるべきか、コミュニティとビジネス界と共に考えてゆこう、という趣旨の。

「資源が無限と考えるか有限と考えるかですべてが違ってくる。事実はまちがいなく後者(資源は有限)なのに、これまでの経済モデルはいつも前者(資源は無限)を想定してきている。そこでは、行為が増加すれば富が増加する、という考え方が支配的。しかし資源が有限な状況で無闇に行為を増加させることは破局につながる。行為の目的と意味が重要になってくる」

「投資行為のね」

「そう。人類は投資行為をやめるわけにはいかない。しかし次の点に留意すべきだ。その投資の意図は善か、誰かを傷つけないか、他者の権利を侵していないか、実行した者は善をなしたという満足感を得たか。この四つを満たして初めて人は正当な投資をしたといえる」

彼の話はいくぶん抽象的な色合いを帯びてきたが、投資活動をめぐる考えから乖離《かいり》したわけではない。

「地球は基本的に寛容なんだ。植物には良い面も悪い面もある。動物にも虫にも同じことがいえる。地球はそれらの良し悪しを称賛もしなければ断罪もしない。短兵急な価値判断をしない。そしてそれぞれの居場所を確保し、資源を譲り合って生かしてやる。植物と動物と虫は自動的にそういうことをやっている。というか地球がそうさせている。言い方を変えると、そのようにふるまうべき場所が地球なんだ」

「そういう意味では人間は特殊だね」

「人間には行為のすべてをことごとく意識して動かないと、動植物が無意識かつ自然体で確保しているレベルの調和に達し得ないという厄介なところがある。善意で始めたのに悪が生じてしまった、という例はよくあるね。投資も然り。しかしこれまでの投資では、経済結果が良ければ、にじみ出した悪は無視された。傷ついた他者を無視できた。経済が正義の裁きを代行した。資源が有限だと知ってしまってからはそうはいかないよ。他者の存在に注意を払い、尊重することが重要になってくる。資源には限界があると気づいた今、まさにその限界性が人類を結びつけるだろう……」

日本に留学経験のあるオリヴァーには、日本についての意見を聞きたかった。

「日本にいたとき、『The Japan That Can Say NO』を読んだんだ」と、オリヴァーが言う。石原慎太郎と盛田昭夫による『「NO《ノー》」と言える日本』の英訳だ。「日本はああいうふうに強気に出る必要はないと思った。そういう態度は日本には似合わない。日本人には外国人には考えもつかない発想があって、それは別に大声で言わなくたっていい。日本で認知症の人たちが働くレストランがあるでしょう?」

二〇一七年以降、日本のあちこちで開店している「注文をまちがえる料理店」のことを話しているのだ。認知症の人たちをもっぱら給仕役として雇う。彼ら・彼女らが注文を取り間違えることはしょっちゅうある。客はそのエラーを承知のうえで来店し、認知症の人たちと交流する。そんなアイデアだ。

「あんな発想は欧米では出てこない」

「どうしてだろう」

「伝統が違うからとしか僕には言えない。繊細なもの、やさしいもの、おだやかなもの、自然に溶けこもうとする意志、僕にとってはそういうのがあるのが日本。宣伝しなくても自慢しなくても、そういうものがしっかりそこにある国。そういう下地があるから、認知症になった年寄りとも人間的な関係を持ちつづけようという発想を持つ人が出てくるんだろうね」

日本を知る同じ物理学者として、フリーダの夫、エドワードのことを思い出した。日本の大学に招待されていた期間に「日本で驚いたのは集中力の欠如だった。すぐ雑談を始める、しょっちゅうお茶を飲む」と観察したキングス・カレッジの教授だ。

「ああ、それは仕事の定義が違うからだよ」とオリヴァーは打ち返すように反応した。

「お茶もおしゃべりも全部日本人にとって仕事の一部だということが欧米人にはわからない」

「そんなふうにメリハリがない働き方だから日本の生産性は低くなったという批判もある」

「低くなっても悲惨な生活にはなっていないでしょう。イングランドでいうグレート・ミゼリー（非常な不幸）のレベルではないでしょう？　日本は国内での競争をやめたらいいと思う。競争ではなく協力したときに力を出す国民だと、僕は確信しているんだ。それは留学したときにまず感じた。競争より協力の国だというのが直感だった。でもそのころの日本では競争することがはやりだった、絶対善だった」

そのあと話題は再び彼の新しい仕事の話になった。

「モラルを反映した投資を理解するためには教育が必要になる。最大の利益をあげるという単純な目標の場合には、テクニックの習得だけで間に合うけれど、資源が有限の世界で正しい投資とは何か、を考えるためにはどうしても学び直しが必要になる」

「そうした啓蒙活動を始めたということなんだね」

「簡単に言えば。昔からの友人で僕と同じように投資マネージャーをしていたスティーヴという男と協力しはじめたところでね」

「それはどういう形になるの？　セミナーとか？」

「共同執筆の形で本を出すつもりでいる」

「それはすごい。それを読ませてもらったほうがよく理解できるだろうな。いつ出るの？」

「一年以内に出したいね」

教育の重要性についてしばらく話したあと、僕は数日前にインターネットで見かけた二コマ漫画を思い出した。教育の意義を教えようとする啓蒙的な漫画だ。

二コマともほとんど同じ絵で、通りをはさんだ向こうで中年の清掃員が道路掃除をしている。こちら側にはバス停があって、手をつないだ母と子が二組いる。右に立っているのは母と息子、左に立っているのは別の母と娘である。

一コマ目。右側の母親が清掃人を指さし、息子にこう諭している。

「一生懸命お勉強しないと、ああいう人になってしまいますよ」

二コマ目。左側の母親が清掃人を指さし、娘にこう言って励ましている。

「一生懸命お勉強をすれば、ああいう人がもっと幸せに暮らせる社会を作ることができるのよ」

うまいよねこの漫画、発想の展開がシャープというかどんでん返しで胸にぐさりと刺さる、というふうに僕が感心していると、オリヴァーは頷きながらも何か考えているようだった。

そしてこう言った。

「三つ目のコマがいるな」

「どんな?」

「母親が子どもにこう言う。『あのおじさんにごくろうさまって声をかけてみましょう』」

エリザベス女王在位七十周年

初夏らしい陽射しに恵まれたが、ときどき冷たい風が吹いて、テーブルの上の空っぽのプラスチックコップが飛ばされそうになる。重しの代わりにと、ワインを注いでくれるサングラスの紳士は、僕らと同じ通りに十年前に越してきたというが、その日まで面識がなかった。

それは二〇二二年六月最初の土曜日、今は亡き女王の在位七十周年記念祭のことだった。バッキンガム宮殿やウィンザー城とは無縁のわれわれ庶民は、通りにテーブルと椅子を出してストリート・パーティーに興じる。英国に二十年以上も住んでいると、女王の在位記念祭には何度も接することになる。二〇〇二年のゴールデン・ジュビリー（五十周年）、二〇一二年のダイヤモンド・ジュビリー（六十周年）、二〇一七年のサファイア・ジュビリー（六十五周年）そして昨年二〇二二年のプラチナ・ジュビリー。ジュビリーというのは記念祭とか祝賀会というような意味である。

ストリート・パーティーとはいっても、おそれ多くも女王の名前を冠する催し物だから勝手にはできない。というよりも、通り一帯を交通止めにしてもらう必要があるので、あらかじめ役所に申請をして許可を得なければならない。僕らが住んでいる通りはせいぜい五十戸くらいしかなく、テレビのニュースで紹介されるようなバンド演奏とかダンス・パーティーなど見栄えのする余興はない。長いテーブルと椅子が並べられ、その両端にみんなが持ち寄った食べ物を並べた天蓋《てんがい》が二つ。天蓋と天蓋をつなぐ紐に無数のユニオンジャックの三角旗がはためく。聞こえてくるのは子どもたちの歓声、プロセッコのコルクが飛ぶ音、ナイフとフォークのかちゃかちゃいう音、談笑の声くらいのものだ。子どもたちの声も年を経るごとに少なくなった。二十年前のゴールデン・ジュビリーのときには、キモノを着たうちの娘が、カウボーイの格好をした男の子に追いかけられて悲鳴をあげていたものだが。新たに越してくる若い夫婦がいないから、この通りの住民の平均年齢は高くなる一方だ。

プラチナ・ジュビリーには、二〇二〇年からコロナ禍のせいで断続的に行われたロックダウンが解除されたあと、初めての国をあげての集まりごとという、心が浮き立つ要因があった。英国全土で開催されるパーティーの数も、過去何回かのジュビリーを上回るだろうと言われていた。だが、九十六歳になったエリザベス女王の老い先は短かろう、これが彼女の在位を祝う最後の機会だろうとは誰もが感じていた（そして女王は三か月後にこの世を去る)。

長期在位を祝うはずの場で、われわれはおおっぴらに女王亡きあとの世界について語り、後継者たるチャールズが母親より見劣りするのはいたしかたない、などとやっていた。十年前に越してきたけれども存在感の薄かった(あくまでもわが家にとって、という意味だが)かの紳士は「最近、日本のエンペラーも交代しましたね。エンプレスは以前外交官だったとか」などと日本の皇室に通じているところを見せる。「あのスシはあなたが作ったんでしょう。ワンダフル!」と、僕が大あわてで作った百個くらいの太巻きをほめるのも忘れない。

この通りには外国人が多く、われわれ夫婦のほかには、マレーシア、ドイツ、アルゼンチン、フランス、イタリア、スペイン、ベトナム、中国から来た人が住んでいる。この人たちから今上天皇が誰かなどという話題が出ることはまずありえない。バリバリの共和国たるフランス、イタリア、ドイツなどと違って象徴的であれ君主を戴く日本人と英国人は、王室や皇室というロイヤルファミリーの話題となると、ほかの国民には見えない帽子をかぶっているような気分になる。フランス人やアメリカ人にはわからないだろうな、という秘密の合い言葉を交わすような。

ここ数年英国王室は尊厳を失いつつある。二十数年前、ダイアナ妃の陰で不倫にふけっていたチャールズの評判失墜に始まり、数年前には弟のアンドルー王子が十七歳の少女と性的関係を持った疑惑で実質的に王室から追放されるという醜聞が発生した。これが王室でなければ、「なんなの、あそこのエリザベスんちの息子たち、兄弟そろって」とやられたはずだ。しかしそれでも王室は英国のためになっていると考える国民は半数以上いて（老齢者の支持、若者の不支持という偏りはあるが）、それはひとえにエリザベス女王の七十年にわたるハードワークのおかげだった。「でも、お母さんのエリザベスがしっかりしてるからね」というわけだ。

長テーブルの一番端に、若い女性が五人かたまってすわっていた。金髪が多くて見かけは華やかなのに、背中を丸めてペーパートレイの食べ物をつつく彼女らは陰気に見える。三か月前からロシア軍の非道の侵攻を受けていたウクライナからの避難民たちだ。この通りで一番大きな家の持ち主が、ウクライナから逃がれてきた女性を三人預かっているという噂は聞いていたが、本人たちを見るのは初めてだった。三人以上いたのは、別の家に引き取られた同郷の知人を招いたからなのだろう。ロシア語のように聞こえるウクライナ語で彼女たちはボソボソと話し、周囲の英国人たちと交わっているようには見えない。ホストファミリーの女主人と短く言葉を交わしては、ウクライナ人同士の輪へ戻ってゆく。

僕らは毎回、女王在位○○周年を祝うストリート・パーティーに顔を出していたが、正直に言えば近所の人たちにまとめて会えるのと、新顔と知り合いになれる機会だから参加していたまでのこと。あまり英語が話せないようすの五人のウクライナ人にしてみても、たまたま今日の昼食は青空の下で食べることになった、くらいの位置づけだったろう。もちろんホストファミリーが、いい機会だから、と彼女らの背中を押したことはまちがいがない。

それでも彼女らの表情は硬い。到着したばかりの異国の地、それも十年、二十年越しで隣人でありつづける人たちのゆるい談笑のなかに、ぎくしゃくした英語で入りこむのは気が重いだろう。それだけではない。故郷の悲劇と惨状、家族との別離などの記憶と、平和なロンドン郊外の屈託のない住民の姿とには、まったく共通点がない。これが同じヨーロッパなのか。違う国に生まれたというだけで、こうも不公平な運命を甘受しなければいけないのか。そうした思いが彼女らの胸に去来しているのではないか。そんなことを考えながら、僕はイギリスの初夏には欠かせぬイートン・メス（イチゴとメレンゲとクリームをぐちゃぐちゃに混ぜたデザート）を食べていた。

「あれがウクライナからのお客ですか。ちょっと話をしてこようかな」と、サングラスの紳士がワインボトルを片手に、彼女たちのほうへ近づいていった。

ジュビリーの効用があるとすれば、それはコミュニティの結束だろう。そこまで力んだ言い方をせず、コミュニティがあるということを意識させる良い機会、というだけで十分かもしれない。平均すると一回のストリート・パーティーで新たな知人が五人生まれるらしい。

イギリス人はコミュニティということを絶えず意識しているような印象がある。なければならないもの、なければ作るべきものというふうな。十八世紀後半以降、急に都市人口がふくれあがったせいだろうか。イギリス人がそもそも混合民族であることに加え、近代以降現在に至るまでロンドンを中心にさまざまな理由で「外国人」を引きつける国でありつづけるせいだろうか。

話はそれるが、そもそも現在の王室もドイツ系なのだ。ヴィクトリア女王の夫のアルバートはドイツ生まれで、現在のバイエルン州北部、ザクセン＝コーブルク＝ゴータの出身。したがって英国の王室の名前は、第一次世界大戦の前までザクセン＝コーブルク＝ゴータ家だった。しかしドイツを相手に戦う英国の王室がドイツ名ではまずいだろうということになり、大戦中に英語風のウィンザー家へと改名した。ダックスフントだって敵性語禁止のあおりをくらってバッジャードッグと英語化されたくらいだ（独語のダックスも英語のバッジャーもアナグマを意味する）。

王室もまたコミュニティを大いに意識している。コモンウェルス（英連邦）という大きなコミュニティが、というか、植民地宗主国にとって使い勝手のよかったコミュニティがなくなったあとは、国内のコミュニティしかないのだし。長期在位を維持してきたエリザベス女王は、ドイツ的ともいわれる規律と義務感によって、英国各地のコミュニティから評価されてきた。今後の王室はどうなるのだろう。不意の風で吹き飛ばされそうになったプラスチックコップも、ワインがたっぷりと注がれれば安定した。即位の前から母エリザベスと比較され揶揄されてきたチャールズは、それだけの重みを備えることができるだろうか。英国社会のこれ以上の分断を阻止するためになんらかの貢献ができるだろうか。

話は飛ぶが、エリザベス女王逝去後九月の即位から八か月後の二〇二三年五月に執り行われた新国王チャールズ三世の戴冠式は豪勢だった。ウェストミンスター寺院で演奏されたさまざまな音楽の美しさにつられて、思いがけなくも数時間にわたるテレビ中継を最後まで見てしまった。なかでもゴスペルが素晴らしかった。古来の礼儀作法が延々と続くなか、八人の黒人男女が全身を揺らしながらアカペラで歌う姿は肯定的な意味で場違いであった。あのシーンが戴冠式全体で一番良かったと言う人は多い。ただ、黒人歌手たちの背後に見える参列者の圧倒的に白い表情の大半は険しく、戸惑って見えた。「教会で腰をくねくねするなんて！」とでもいうように。あれは錯覚ではあるまい。ゴスペル・コーラスの登場は、チャールズみずからの提案だという。皇太子時代から環境や政治についてリベラルな意見を発してきた彼の、戴冠式におけるメッセージだったのだろう。エリザベス女王の発言には政治色がなかった。息子はその点、正反対である。相対的に王室支持が低めの若者層の約半数は、チャールズにもっと政治的発言をしてほしいと願っている。もちろん高齢者の意見は逆だけれど。

戴冠式の翌日にも各地でストリート・パーティーが開かれた。エリザベス女王のジュビリーのときと同じ趣旨である。全国でいくつ開催されたかは正確に把握できる。というのは、すでに書いたように通りの閉鎖をしなければならないので、全国で申請・許可の手続きがなされるからである。昨年のエリザベス女王のジュビリーを祝ったストリート・パーティーは全国（イングランド）一万六〇〇〇本以上の通りで開催された。これに対し、新国王チャールズの戴冠式を祝ってのストリート・パーティーは三〇八七件。

即位までの助走期間があまりに長すぎただけに、毀誉褒貶《きよほうへん》の多い君主になってしまった。年齢を考えると、この先どれくらい国王職を務めることができるのか不安でもあるけれど、母女王との違いをどれだけどのように出せるのか、興味津々ではある。彼にとって最初のジュビリーとなる二十五年後（シルバー・ジュビリー）はあまりにも遠く、そこまで達するかどうかは疑問だが。

さて、昨年のストリート・パーティーからひと月ほど経ったある日の夕刻、僕は犬を連れてディストリクト・ラインの線路沿いを歩いていた。イギリスの夏はとにかく日が長い。夜九時になっても日本の夕方五時くらいの光は残っている。そのときはもう十時近かった。

薄明《はくめい》が残っているといっても時間的には夜だから、歩く人はほとんどいない。線路沿いには何本も桜の木が生えている。嗅ぎ回ることに忙しくてなかなか前進しない犬にペースを合わせてゆっくりと歩いてゆくと、前方に二人の女性がいるのが見えた。ぼんやりと日が陰りはじめていたが、アディダスのピンク色のパーカーを着たほうの一人には見覚えがある。顔に、というよりはそのパーカーにだったが。ストリート・パーティーの日、テーブルの端にすわっていた女性の一人だ。もう一人もあそこにいた女性に違いない。二人は桜の梢が通りに張り出したところで背伸びをしていた。

サクランボを取っている……。

身に覚えがあったからすぐにわかった。同じ場所で、小ぶりだけれどもつやつやとしたサクランボが手の届くところにぶらさがっているのを見つけ、嬉しくなってもぎ取ったことがある。だが、かじってみるとそれはそれはすっぱくて食べるどころの話ではなかった。

余計なこととは思いつつ、僕は彼女らの前で立ち止まり、「それはすっぱくて食べられませんよ」と忠告した。受け止め役の女性の白い手のひらに載ったサクランボは黒っぽく見えた。

僕の英語が伝わったかどうかはわからない。二人は手を止めて、恥ずかしそうな苦笑いをしたが、僕が通りすぎるとまたせっせとサクランボを取りはじめた。

後日、隣町でウクライナ避難民の世話をしているポーランド婦人にこの話をした。彼女はまだポーランドが共産圏だったころにワルシャワの高校でロシア語の優等賞を取り、ウクライナ語にも通じている。彼女は笑いながらこう答えた。

「彼女たち、すっぱいサクランボ《サワーチェリー》だからこそ集めてたのよ」

「どういうこと？」

「ウクライナではパンケーキとかピロシキにサワーチェリーを入れるの。彼女たちにとってすっぱいサクランボは祖国の味なんです」

階級について

年に一度の帰国時の出来事。山手線の中で娘が額を寄せて質問してきた。彼女がまだ十三歳のころだった。英語なのにひそひそ声である。

「パパ、どの人がワーキングクラスでどの人がミドルクラス？」

向かいの座席にずらりと並んだ乗客のうち、労働者階級がどの人でどの人が中流階級かと訊いているのだった。

あけすけで単純な質問にあっけにとられ、ウームと唸《うな》ってから返事をした。

「そういうのはないんだよ」

「ないの？」

「なくもないけど、あんまり違わないんだ。だいたい同じ」

「だいたい？　だけど違うんでしょ？」

「違うけど、その違いごとに同じひとつの箱に」と言いながら、僕は両手で目に見えぬ箱のようなものを作った。「押しこめることはない。だからクラスにならない」

初めてそんな質問をされ、即興と手さぐりで説明してみたが、結構それはいい線いってるような気がしてきた。

日本にも、イギリスでいう労働者階級や中流に相当する人たちはいるだろう。けれどもそれぞれが「層」とか「クラス」を形成している印象はない。束ねられるのは、社会学者などが便宜的に分類するときだけではないだろうか。階級対立意識なども先鋭にはならない。

ところがイギリス社会では、自分が属する階級をきちんと認識している。尋ねられれば隠さず臆せず答えるだろう。ミドルクラスです、とか、ワーキングクラスです、と。

そういう社会では、まよいこんできた外国人を同定しないと落ち着かない人もいる。独身時代にイギリス人の友だちから尋ねられたことがあった。

「あなたはミドルクラスなの？」

面と向かっては二回。ずいぶん露骨に質問するものだと感心した。イギリス人の誰もがこんな質問をするわけではないが、彼らはまちがいなく心の中で値踏みをしている。隣国のフランスだとかベルギー、スペインから来た外国人が相手ならば、しばしの立ち話で有形無形の符丁を読み取ることができるけれど、素地の違う極東から飛んできた男はどうもわからない。普通なら英語の話し方でだいたい階級の位置づけはできるが、こいつの英語は測定を許さぬ破壊的英語だ。

「とんでもない、全然違う」と僕はいつも答えていた。日本のサラリーマンというのはワーキングクラスだろう、と思っていた。

イギリスの建物の一階が日本の二階に相当するのに似て、イギリスでミドルクラス（中流階級）というのはだいたい日本の上流階級に相当するから自分がミドルクラスなどとはとてもいえない。日本が一億総中流といわれたころの感覚で、あまりいろいろ考えずに中流ですといってしまえるのが一番楽なのだが。鰻重の松竹梅で竹を選ぶような感じで。


階級意識が消滅したらイギリスは今のイギリスではなくなるだろうと思う。そんなことは自明か？　王室の消滅はさほど影響がないだろう。もちろん王室は階級制度において扇の要《かなめ》だから、王室の消滅は階級意識の寿命を短くはするだろうけれど。

何かにこだわると、世界が全部そのこだわりキーワードで解釈可能な気がしてくることがある。キュービズムの画家の目には、世界のすべてが多面体に見えるようなものだ。イギリス社会も、そのあらゆる側面に階級意識が染みこんでいるので、それを鍵にして読解してゆくのも興味深い。

二〇一二年九月某日、保守党院内幹事のミッチェル下院議員は官邸での仕事を終え、自転車でカールトン・クラブ（エリート中のエリートクラブ）へ向かうところだった。急いでいた彼は、車が出入りする正門ゲートから通りに出ようとした。しかし、自転車に乗った人はいったん降りて歩行者と同じくサイドゲートを使わなければならないという規則がある。警官に注意されたミッチェル氏はしぶしぶ自転車を降りて、脇の狭いゲートから表通りに出た。

パブリック・スクールの名門、ラグビー校出身の彼は短気で有名。その彼が、自転車から降りてくれと命じた警官に対し、「ファッキング・プレッブ！（Fucking pleb!）」と捨て台詞を吐いたことが問題視された。ここでは「ファッキング」の下品さは問われず、下半分の「プレッブ」が大問題になった。プレッブ（pleb）とは plebeian の短縮形で、語源は古代ローマのラテン語であり「平民」とか「下層民」という意味である。つまり警官に腹を立てたミッチェル氏は、「くそったれ、この平民めが！」と言い放ったことになる。本当にそんな言葉を吐いたのかどうかの検討や、この事件を報道した新聞社を相手取った訴訟など、ややこしい事態に発展したが、結果的にはミッチェル氏は院内幹事を辞任せざるを得なかった。

本件は中流階級（保守党議員）と労働者階級（警察）の対置という図柄の中で、階級意識のしみついた差別用語（プレッブ）が発せられて怒りに着火し、対置が対立になったものと見ることができる。議員が「プレッブ」という言葉を発したかどうかの検討段階で、裁判官が述べた理屈もすごかった。

「警察官はプレッブというような言葉を普通使わないので、やはりミッチェル氏はその言葉を発したに違いない」

結果的に裁判官（中流階級）による警官（労働者階級）の弁護になってはいるのだが、そこでは警官の語彙レベルはこんなもんだという先入観を働かせている。階級意識がなかったらここまでの事件にはなっていなかった。議員の暴言が「くそったれ、バカ野郎！」だったなら、謝罪ひとことで収まっていた可能性がある。「バカ」よりも「平民」という言葉のほうが侮辱度の高い社会なのである。

イギリスの食事問題にも階級意識がペタペタついてまわる。

五年ほど前の新聞記事が、当時増加中だった、いわゆる「アボカド・ハンド」は典型的なミドルクラスのけがだと報じていた。やたらとでかい種の入ったアボカドと格闘中にナイフで手のひらや指を切るけがのことである。アメリカに比べるとやや遅れ、八〇年代からスーパーに出回りだしたアボカドだが、積極的に取りこむ家庭はやはりミドルクラス以上らしい。

階級意識というのは簡単にいえば区別意識のことで、そこでは他者（平民）と自分たちがいかに違うか、差異の競争が行われる。アボカド食いも、ささやかだがその一例だったわけだ。昔からイギリスでは食事も差異の印になっている。ディナーといえば日本人にとっては夕食だが、イギリスでは必ずしもそうではない。原意は「一日のうちの主たる食事」。労働者階級にとってディナーは正午過ぎに食べるもの、中流以上にとっては夜食べるもの。伝統的に労働者は早朝から働きはじめるので、正午ごろには腹ぺこになり「主たる食事」を食べないともたない。それとは逆に、裕福な人たちはガツガツせず「主たる食事」は夜まで待てる。そして、アボカドの例のように、何を食べるか食べないかも嗜好というよりは社会経済的地位を示すフラッグのようなところがある。同じスーパーマーケットのチェーンでも、立地場所によって棚にある商品が違うことがある。もちろんスーパーもそれぞれ、どういう客層が通う店かなんとなくわかる。

十三歳だった娘も順調に育って大学生になり、地方都市へ引っ越した。日本から飛んできた二歳半以降、ロンドン郊外で暮らしてきた彼女にとって、小さな地方都市でさまざまなイギリス人に出会い、共同生活をするというのは覚醒的体験だったようだ。

私立校出身者の特徴にはなじんでいた彼女も、寄宿学校出身者のまた別な特色には驚いた。同じ私立校といっても寄宿学校には超富裕層の家庭の子どもが多い。そして、子どものために寄宿学校を選んだ親というのは、普通の通学学校を選ぶ親たちとは何かが違い（海外転勤のためにやむなく子弟を寄宿学校へ入れるという場合もあるが）、その家庭環境が及ぼした相違というものもある。寄宿学校出身者たちはほかの学校出身者とはなかなか交わらず、自分たちと同類の者たちとつるむ傾向があるという。週末の過ごし方が、スコットランドでの鹿狩りだという連中とは確かにつきあいにくいだろう。

もうひとつの驚きはイギリスの南北分割。マンチェスターとかヨークシャーから「降りて来た」学生は、ロンドン出身者をはじめとする南部出身者をポッシュ《サザナー》（posh）、すなわち気取った連中として扱う。もちろんそこにはステレオタイプの反応とか思い込み、あるいはわざと型にはまった対応をしてみせるような茶化しもあるだろう。ただ学生同士の場合には、南北分割が貧富を意味するわけではない。マンチェスターなどの都市には富裕層も多い。

「じゃあ何が違うの？」と尋ねると、娘は「まずは言葉」と言い、「次に食べ物かな」と言った。北部出身の学生はヘビーな朝食を好む。いわゆるフル・イングリッシュ・ブレックファストで、ロンドンっ子はポリッジとかコーンフレーク、シリアルなどの軽い朝食を好むらしい。蛇足ながら、すでに述べたディナー問題についていうと、北部の人は昼食をディナーと言い、夕食をティーと言う場合が多い。

地域別の食物嗜好を除くと、学生生活のなかでさえ階級差異が出てくるのだと娘は言う。彼女は二年生以降八人の娘たちと共同生活をした。各自、冷蔵庫や食品棚に自分の食料品をある程度保管しておくわけだが、一番裕福でポッシュとされる娘の棚には、トリュフ・オイルとかイベリコ豚のパテ、オリーブオイルもそこいらのスーパーでは売っていないような高価な瓶が鎮座している。

ポッシュかどうかとは無関係に、イギリスの学生というのはお行儀が悪い。自由闊達ともいえる。彼女らは友だちの食料品をときどき拝借するらしい。

「わたしのマヨネーズがすぐになくなる」と娘はいつもこぼしていた。今イギリスの一部界隈では日本のキューピーマヨネーズが大人気なのである。

食事の意味

ある旅行者が列車のコンパートメントに乗りこむと先客がいた。山高帽をかぶった紳士である。姿勢を正して新聞を読んでいる。旅行者はコートと鞄を荷棚に乗せて座席に腰をおろすが、目の前の紳士がどうもおかしい。

両耳にバナナがささっているのだ。彼は仰天したが、新聞を熟読中の紳士の迷惑にならぬよう、けんめいに驚きを抑えて窓ガラスに額を寄せ、窓外に目を転じた。

飛び去る緑の草原、青空で止まったままの白い雲、同じ方向に頭をそろえた羊の群れ。田園風景を眺めているうちに、あのバナナは幻影だったのではないかと思えてきた。そうだ、そうに違いない。だが紳士のほうへ視線を戻すと、やはりバナナが耳にささっている。右と左に一本ずつ。

どうしても気になる。これは一体どうしたことか？　紳士はゆっくりと新聞のページをめくる。旅行者は胸から手帳を取り出して旅程を確認する。窓外に目をやり、天井を見上げ、視線を紳士のほうへ戻す。口から下は新聞紙に隠れて見えない。しかし、やはり耳からバナナが突き出している。

膝の糸くずを払ってみたり、音なしの口笛をスースーと吹いてみたり、気楽な旅行者を装うがバナナは視界から消えてくれない。気にすまいと思えば思うほど気になって仕方がない。たかがバナナではないか。何かのまちがいでバナナが耳に飛びこんだのかもしれない。それとも単に、耳にバナナを入れるのが好きなのかもしれない。ウェールズ人あたりなら悪魔払いとしてやりかねない。


ロンドンに関する長いエッセイを書くとき、イギリスの食事に触れずに貫き通すのは、右のような状況で終始一貫バナナが見えぬふりをして済まそうという不自然さに似ている。ロンドンにこれだけ長く住んでいれば、悪評高き英国の食事について意見のないはずがない。ないとすれば味覚音痴といわざるを得ない。英国人と同じように。

見て見ぬふりはせず、核心に入ろう。

イギリスはまずいのかおいしいのか？　イギリスの食事はまずいという意見があまりにも長く執拗にくりかえされてきたために、最近ではその逆張りとして、意外においしい論やおいしい料理を知らないあなたの目は節穴だ論を放つ革新派が増えてきた。その一方、それでもやっぱりまずいものはまずいという保守派も根強くいるまだら模様、というのがイギリス食事論壇の現状ではあるまいか。

ところで、X国の食事はおいしい・まずいと言うとき、それはどういう範囲での食事を指して言っているのだろう？

X国へ行ってきた人が「X国の食事はおいしかった」と言うとき、ほとんどの場合がX国で外食をしてきた体験を語っているはずだ。つまり正確に理解しようとするならば、彼は「X国の食事はおいしかった」と言っているのではなく、「X国の外食はおいしかった」と言っているに過ぎない。かつまた、その旅行者のふところ具合により、高級レストランでの体験なのか庶民的レストランでの体験なのかという違いが生じる。旅行者の場合、X国の家庭に招かれて家庭料理を味わう機会は稀だから、彼のいう「X国の食事」からは、その日家庭で調理されて胃の腑に収まった圧倒的な量は除外されている。検討すべき母集団にぽっかりと巨大な穴があいているのである。

小難しいことはこの辺にしておこう。「X国の食事はどうでした？」と質問する人に、一般家庭にあがりこんで家庭料理も味見して来た体験をもふくめよ、という意図はまったくなく、町並みはいかがでしたか、という質問と同レベルで「お食事は楽しめましたか？」と、外食の体験をかろやかに尋ねているのだ。これに対して「楽しむとはどういう意味かな？」などと難しい顔をしてつめよるのは無粋である。

そうした意味での「イギリスの食事はおいしいか？」に対して手短に答えておこう。ここ二、三十年ではるかにおいしくなったのはまちがいない。四十年くらい前は、なぜこんなまずいものを作り得るのか（作るのか、ではなく）、そしてまた不満を言わずにそれを食べるイギリス人はなんと我慢強いのかと感心したものだ。われわれ食通の国（別に普通なんですが）から来た者たちには、食後にさまようロンドンの街路が悲しく見えた。心を励ますための口直しをと思っても、口に入れた瞬間に甘味が歯にしみ、炭水化物でむせそうになるケーキしかなかった。

なぜおいしくなってきたのだろう？　外国由来の食事処が増え、ヨーロッパからの調理人が増え、イギリス人自身の外食が増えたこと、などが理由ではないかと思う。若者の舌が肥えてきたことも理由のひとつかもしれない。

昔からインド、中国、イタリアという三大外国料理はしっかり根をおろしていた。そこへタイ、ベトナム、韓国、日本、レバノン、スペイン、メキシコ、トルコ、と諸外国料理のレストランも前面に出てきた。急にやってきたわけではなく、ロンドンの各地に潜んでいたものが、今世紀に入ってからの経済成長と共に表舞台に出てきたのだ。外食に出たがるロンドン市民と、ひと味違うメニューを出そうとこたえる飲食業界の切磋琢磨である。イギリスの国民食ともいえるフィッシュ・アンド・チップスだって、本《もと》をただせば十九世紀にユダヤ人がもたらしたものなのだ。

一九九〇年代、勤務先に近いパブ数軒が、ほぼ同時期にタイ料理を看板にしはじめたときは驚いた。パブめし（とロンドン在住の日本人サラリーマンは呼ぶ）といえばステーキ、パイ、ソーセージだったのに、なぜいきなりタイ料理？　インド人とか中国人と違ってタイ移民の数などたかがしれているのに。一説によると、前世紀末・今世紀初頭にかけてイギリスの多くの若者がバックパック・ツアーの目的地にタイを選び、彼らがタイ料理の味を持ち帰ったのが理由という。タイ旅行に出かけたパブのオーナーたちがタイ人女性と恋に落ちてロンドンへ連れ帰り、彼女らがパブの台所で働きはじめたからという異説もある。理由はどうあれ、ロンドンの味覚の拡大は歓迎すべきことであり、最近の本格的ラーメンの進撃も、似非《えせ》日本料理屋が出すインチキラーメンの駆逐に貢献しているようで心強い。

ロンドンの飲食産業が抱える不安のひとつが、ＥＵ離脱の影響である。外食改善の理由のひとつにヨーロッパの調理人の活躍を挙げたが、ＥＵ離脱後の英国にレストラン従業員は自由に渡航できない。政府は、いずれの産業においても熟練労働者ならば入国させるという方針を出したけれど、調理人の場合、熟練度をどう見分けるのか？　国境でカツオのたたきを作らせてみるのか？　ばかばかしいが給与のレベルで判断する、ということになった。ある労働者に一定水準以上（約四百万円）の年収を出すならば、その労働者は熟練労働者に違いない、と見なすのである。しかしレストランの経営者は、トップシェフが必要なのではなく腕利きの手堅い料理人、皿洗い、サービス精神にあふれた給仕人を求めている。

リクルートメント・クライシス（雇用危機）という言葉はEU離脱決定以降、さまざまな分野でつぶやかれてきた。英国はEU国籍を持つ者の人気労働市場だったけれども、そのうちの相当数が母国へ帰ってしまった。逆にインドと香港からの移民が増加しているが、EU国籍者の減少を埋めるにはまだまだ不足である。

このEU労働者の減少を、一般市民がすぐ気づいたのが飲食産業においてだった。カフェやレストランで聞こえていた外国語が減った。客がしゃべる外国語のことではなく、給仕人やバリスタが仲間うちで使うフランス語、ポルトガル語、スペイン語などのこと。EU離脱の国民投票以前は、スターバックスなどコーヒーチェーンのカウンターの向こうが、まるで外国人のクラブ活動みたいにフランス語とかイタリア語だけの空間になっている場合も珍しくなかった。


最初に書いたように、X国の食事を語る場合に家庭料理を抜かすわけにはゆかない。とはいうものの、X国の家庭料理を満遍なく知ることなど不可能だ。限界を承知しつつ、個人的体験とそこからの推測を敷衍《ふえん》して、何とかイギリスの食事について考えてみよう。

イギリスの家庭に招かれて食事をした体験は数十回はある。しかし、あらおいしいと感じたのはほぼ例外なく異国要素をふくんだ家庭、つまり夫婦のどちらかが非イギリス人だったとか、家政婦さんがアジア系だったとか、その夫婦に外国暮らしの体験があるような場合。残りが全部まずかったかというとそんなことはないのだけれど、ナイフとフォークを握ったまま、これはどう考えたらよいのかと悩んだ瞬間は少なくない。煮すぎた野菜、ゆですぎたパスタ。アル・デンテなどという概念はなかった。肉料理にかける灰色のグレィヴィ（肉汁）のぼんやりした味。甘ったるいドレッシング。どれもこれも味がない……。イギリス料理のまずさというのは在英外国人のあいだでは一番無難な話題だ。これがテーマなら、イスラム教徒、キリスト教徒、ユダヤ教徒が一堂に会した集まりも和気藹々《あいあい》、平和裡に終わるだろう。

でも、なぜまずいのか？ イギリス人の舌の構造が特殊で、味蕾《みらい》（舌の表面にあるブツブツ）の数が他国民に比し圧倒的に少ないという珍説がある。珍説ではあるけれど、こんな突拍子もない説がひねり出されるという事実は、イギリス料理はまずいという定説の深さと広がりの傍証であるともいえる。

この謎の解明にはイギリス人みずからも真摯に取り組んだ。一九四〇年までイギリスの食事はおいしかった、という大前提で話は始まる。第二次世界大戦参戦からわずか四か月後の一九四〇年一月に食料の配給制度が始まった。なぜそう早々と食料危機に見舞われたかというと、それまでこの国は世界中から食料を輸入していたのだが、ドイツ軍による商船攻撃でその確保が難しくなったからだ。配給制度はなんと終戦後の一九五四年まで続いた。この「失われた」十四年間にイギリスのおいしい食事は失われた、と主張する。正しい調理方法は引き継がれず、何がおいしいかという味覚も忘れ去られたという。

何やら必死の理屈づけのような印象を受ける。自分たちの現在の食事がまずいことを認めている点はえらい。説明の一途《いちず》さには打たれるが、それでは本当に一九四〇年以前はおいしかったのか、という疑念が湧く。味覚の記憶を、それも他国に比べても劣らず美味だったという記憶をとどめることができる年齢というのは十八歳くらいからだろう。一九四〇年にそうした実体験をした人は、今百歳である。彼ないし彼女の証言がないかぎり本説は破綻する。つまり、昔っからまずかったんじゃないの、と言われても反論できない。そもそも日本だって戦時中の食料難はひどかった。だからといって日本食の伝統が途絶えたわけでもなし、一億火の玉になりかけた国民だって味覚は失わなかった。

また別の説。こちらは、一九一四年までイギリスの食事はおいしかったという前提に立つ。当時のイギリス料理の良質な部分を支えていたのは、上流階級に仕える料理人だった。第一次世界大戦が勃発すると、これら支配階級のイギリス人は、ノブレス・オブリージュ（高貴なる者の義務）とばかりに対独戦線へ馳せ参じた。その際、忠実なる料理人らも同道したが、多くは戦死したというのである。しかしこの説も、一九一四年以前の料理がおいしかったという証拠がなければ……もうよそう。

完成した料理の味に対する鈍感さだけでなく、素材の質に対する無関心な点も気になる。

野菜にしても魚介類にしても、これでイギリス人は満足しているのだろうかと疑問を感じることが多い。結果としての料理のまずさに鈍感ならば、素材に対する感性も鈍いのだろう。妻の実家があるスイスへ出かけたときに、そこで料理をすることも多いが、肉の質が良いことには感心する。どこにでもある協同組合のスーパー、コープで買える牛肉や鶏肉の質はイギリスとは比較にならない。獣医をやっている義弟に訊くと、ああ、イギリスの食肉製造は工場畜産だから、と自分たちの牧草飼育牛を自慢する。

近所のホームセンターの駐車場（その昔、密航者が落ちてきたあそこ）に、月に一回フランス人がチーズを売りに来ていた。イギリスにも結構な種類のチーズはあるけれど、どれもチェダーチーズの変奏みたいな味で、やっぱりフランスのチーズの質と種類にはかなわない。あるとき、ガラスケースの中にイギリスでも売っているバターを見つけたので、そんなものをわざわざ売る必要はないでしょう、と言うと、巨漢のおじさんは、よくぞ気がついてくれたとばかりにこう言った。

「同じに見えるだろう？　確かにブランドは同じ。でもイギリスで売っているあれはゴミ。フランスで売っているこっちのほうがおいしい。だからわざわざ持ってきてるんだよ」

人気のあるチーズ屋だったのに、英国がＥＵを離脱してからは姿を見せなくなった。これほどわかりやすい例ではないけれど、これまでスーパーの棚にいつもあった商品が姿を消したりしている。

食事を始める前に日本人は「いただきます」と言うし、フランス人なら「ボナペティ」でありドイツ人なら「グーテン・アペティート」と発声する。ところがイギリス人は何も言わない。気がつくと食べはじめている。この点をイギリス人の同僚に尋ねたら、「ネヴァー・マインド（気にするな）」って言えばいいんじゃないかと冗談を言い、あえて言うなら「ディグ・イン（食おうぜ）」かなと言う。ガツガツ食うという感じだ。「エンジョイ！」という人もいるねと訊くと、それは中華料理屋のウェイターだと言われた。

ロンドン滞在通算十年を超えたあたりで、ふと気がついた。

僕たちはひょっとすると違うものについて語っているのではないだろうか？　あるいは、同じものについて語っていながら、大脳の違う部分を使っているのではないだろうか？

日本人にとって食事とは官能を刺激し、心の交流をうながし、幸福の主要部分を形成するものだ。ところが、イギリス人にとって食事とは何よりもまずエネルギーの補給源だったのだ。だから「ディグ・イン」で始めてもおかしくない。働くために、何よりも戦うために。だから食事の細部にはあまりこだわらない。産業革命で工場・事務所へ「出勤する労働者」が増えたイギリス社会では、手早くカロリーを取りこむ食事が優先された。日本人のように、あの店とこの店の比較だとか、煮すぎだの焼きすぎだのという批判、味があるとかないとかの問答、はるか昔、はるか遠いところで食べた食事の記憶などを楽しげに語る姿は瑣事拘泥《さじこうでい》と映るのではないだろうか。歯触りの良さとか隠し味に至っては、秘教の奥義に類するどうでもいいことだと。

彼らにとって、それよりも大事なことはほかにある。国が違えば何に重きを置くかも違ってくる。日本人にとって食事の優先度はきわめて高い。だが、イギリス人は食事をそれほどまでには重要視せず、それよりも会話に優先度を置く。パブは酒場であることにまちがいはないけれど、あそこの本質は延々と続く会話であり、主食の会話を楽しく味付けするためのスパイスとしてのユーモアが不可欠になる。目の前の皿に乗ったパイがまずかろうと、ポテトチップスが湿っていようがそれは二の次。文明人の口は食べるためにあるのではない、話すためにある。

われわれはイギリスの食事をこきおろす。しかし彼らは日本人の会話とユーモアをけなしているかもしれない。あれは食えたもんじゃないね、と。「戦時中に言葉の配給制度を敷いていたのだが、それがまだ尾を引いているらしい」などと噂しながら。

さて冒頭の旅行者はまだ列車の中で悶々としていた。目の前の紳士が先に降りてしまったらバナナの謎は永遠に解けない。一生悔やむことになる。

彼は意を決して紳士に声をかけた。

「まことに立ち入ったことをお尋ねしますが……」

溜《た》まりにたまった彼の好奇心が、ひと筋の熱い眼光となって紳士の目をとらえる。

「は？」と紳士は右眉を上げる。

「どうしてあなたの耳にはバナナがささっているのですか？」

「は？」と今度は左眉を上げる。

「ぶしつけな質問であることは重々……」

「すみません、よく聞こえないのです。耳にバナナがささっておりますので」

空から落ちてきた人たち

わが家からテムズ川沿いに車で十分ほど南下したところにテディントンという小さな町がある。かかりつけの歯医者がいるので定期的に出かけるほか、川沿いの散歩に出かけたり、その途中に浮かぶうなぎパイ島（Eel Pie Island）に日本人の友だちを連れてゆくこともある。日本人なら浜松のうなぎパイが懐かしいだろう、などという配慮ではない。

島の名前の由来だけは説明しておこう。まずはうなぎパイ（Eel Pie）とは何なのか？なぜイギリス人はこんなまずいものを作って食べるのか、と叫んでは目頭に涙がにじむ食べ物の筆頭で、要はうなぎの入ったパイである。それだけだとまだおいしそうで不都合だからこういう定義はどうだろう。アップルパイのリンゴの代わりにうなぎを入れたもの。うなぎといっても蒲焼きを想像してはいけない。テムズの川底の泥を存分に呑みこんだ生臭いうなぎだと思ってほしい。それをぶつ切りにしてゆでただけだと覚悟してほしい。うなぎのゼリー寄せ（Jellied Eels）という姉妹料理もあるけれど、おいしそうな名前にごまかされてはいけない。生臭さの煮こごりと改名すべき恐ろしい食べ物である。ともあれ島の周囲でやたらと捕れるうなぎをパイにして売っていたという来歴から、それが島の名前になった。

友だちを連れていくのは、ここが一九六〇年代にはロックンロール・アイランドと呼ばれていた聖地で、独特の雰囲気に満ちているからである。無名時代のローリング・ストーンズ、ディープ・パープル、ヤードバーズ、ロッド・スチュワート、ディヴィッド・ボウイ、ジェフ・ベックたちがこの島にあったホテルで演奏していた。今はそのホテルも焼失してしまったが、岸辺から伸びる細い橋で島に渡ると、オズの魔法使いに出てくるような小径が不思議の世界に通じている。陸地にはない風変わりだけれども魅力的な家がぽつぽつと建っている。ボヘミアンの聖地だったころの雰囲気は今も残っていて、いかにもアーティストが住んでいそうな家々もある。もちろん車もバイクもない。岸辺に渡って電車に乗れば二十分でロンドンへ着く距離なのに、テムズの流れの真っ只中に浮かぶ、日本風にいえば中之島とも呼ぶべきこの島には、別世界の静けさがある。

今日はうなぎパイ島を左手に見送ってテムズから離れ、五百メートル先で右折する。

南アフリカからの密航者が、二〇一五年にわが町、リッチモンドのオフィスビルに落ちてきた話を書いてしばらく経ったあと、その密航が単独行ではなかったことを知った。

あの密航事件を五年がかりで取材したジャーナリストがいたのだ。密航者が命をかけた事情を探っていたのである。彼のドキュメンタリーがYouTubeに上がっていることに気づき、それで初めて墜落死した男性は当時三十歳、カーリト・ヴァーレという名前のモザンビーク人であると知った。カーリトは年下の親友と一緒に旅客機にしのびこんだ。六歳年下の親友はセンバ・カベカという。カーリトもセンバも孤児だった。そのドキュメンタリーをほかの情報と合わせてまとめると、全貌は次のようになる。

二〇一五年六月一八日の夜、ホームレスだったカーリトとセンバは、ヨハネスブルグ発ロンドン行きの英国航空の車輪格納部にもぐりこんだ。二人組の逃避行だったという事実は、前述のジャーナリストが二〇二一年に解き明かすまで誰も知らなかった。

ジャーナリストはカーリトの母国モザンビークまで飛び、カーリトの妻アンナ、娘シャミラに会っている。口数が少なく誠実で、何よりも慎重な男だったという。モザンビーク内戦以降、モザンビークから南アフリカへ出稼ぎに行く男たちは多かった。ところが、アパルトヘイトが終わったあと、人種差別はよじれた形で再生された。もとから南アにいる黒人が、自分たちの国に入ってくる他国のアフリカ黒人を差別しはじめ、暴力沙汰を起こしている。アパルトヘイトが内面化されてしまい「ヨソモノ」に対する武器となり、モザンビークなど近隣国から来た者は差別される。そんな状況下、彼らの南アフリカでの立場は劣悪だった。カーリトとセンバは切羽詰まっていたのだろう。ただ、アンナは夫カーリトが何も言わずにそのような暴挙に出たことが信じられなかった。なぜそんな無謀なことを？　カーリトは早くから南アに出稼ぎに行っていたため、十一歳のシャミラは父親の顔を見たことがなく、ジャーナリストが持参した写真を見て涙を浮かべた。ロンドンでカーリトの死亡が確認されたあと、当局は彼女たちのところへやってきて、シャミラのDNAを採取した。カーリトのアイデンティティを確認するためである。シャミラはそんな形でしか父親とかかわることができなかった。

妻アンナはジャーナリストに対してこう言った。

「夫を人間として扱ってくれた人たちに感謝します」

DNA検査までしにきてくれた英国当局、自分たち妻子を尋ね当ててくれたジャーナリスト、ロンドン郊外の墓地に夫を葬ってくれた人々に対しての彼女の気持ちだった。ことさらに彼女が「人間として」と言った箇所を僕は何度も再生し、それを口にするときの彼女の目を見つめ、そこにこめられた意味を考えた。

そして、同行者であり生き残ったセンバ。

ヨハネスブルグ空港をボーイング747が離陸したとき、センバはカーリトが興奮した声で「やったぞ！」というのを聞いた。ハッチが閉じたあと格納部は真っ暗になり、もうカーリトの姿は見えなかった。たちまち酸素が希薄になり気温が低下し、二人は意識を失ったまま十一時間の旅を続けた。

飛行機がリッチモンド上空にさしかかり、開きはじめた車輪格納部から親友カーリトが落ちていったあと、センバは格納部のパイプに引っかかったまま、ヒースロー空港へ降下していった。センバの身体は冷え切っていて頭は朦朧《もうろう》としていた。それでも、タッチダウン直前の機体から、ものすごいスピードで流れる滑走路に放りだされた瞬間は覚えている。彼の身体は滑走路の上で何度かバウンドした。そのとき片脚に大けがをした。次に気づいたとき、彼は滑走路の上に横たわっていた。男性が二人駆けよってくるのを見たあと、また意識を失った。病院へ運ばれたセンバは全身を温められた。血流を戻すための措置である。痛めた脚は切断された。それから半年、センバは昏睡状態のままだった。

センバはその後、リバプールに住居を与えられる。車輪格納部内にいたときの火傷と脚の切断で、松葉杖がないと歩けない身体になっていた。親友を途中で失うことになった死と背中合わせの荒々しいロンドン到着だったけれど、南アフリカの悲惨な暮らしから逃がれられただけでも幸福だと思っている。

リバプールでの暮らしはつらかった。手を差しのべようとしてくれる人がいても長続きはしない。今日親切心を見せてくれても明日はいなくなる。ある寒い日、スーパーマーケットの外にぽつんと立っているセンバを見た青年が彼に声をかけた。「何か買ってきてあげようか？」

このやさしい申し出に、センバはコーヒーが欲しいと言った。それからできればハムとチーズのサンドイッチも。その青年はゲイブリエルというロンドン出身の、リバプール大学に通う学生だった。

数日後、彼は地元の新聞で南アフリカから密航してきたアフリカ人の記事を目にする。見覚えのある顔だった。この前スーパーでコーヒーを買ってやったあいつじゃないか！ ゲイブリエルはそこに居合わせた友だちにこう言った。「彼の人生を変えてやらなければ。どうにかして彼を見つけださないと」

幸運なことにそれからすぐ、ゲイブリエルは通りを歩いているセンバを見つける。早速車に乗せてスーパーへ向かい、食品、洗面用品、日用品などを買い与えた。あまりにもたくさん買ったので、障害のあるセンバは一人で持ち帰ることができず、ゲイブリエルも半分抱えてセンバの家へ行った……けれども、そこは人が住むような場所ではなかった。ゲイブリエルはショックを受けた。「これじゃいくら食べ物を買い与えても、衣服を与えても、彼の人生は変わらない」

翌日ゲイブリエルはセンバを自分のアパートに招き、シャワーを使わせ髪を切ってやった。それ以来彼はセンバの自立を助けている。

根っから楽天的な性格なのだろう、南アフリカ脱出とイギリス到着は人生で最良の出来事だったと、センバは信じて疑わない。英国政府は彼を亡命者と認定してくれた。だが彼は、自分だけが生き残り親友カーリトを死なせてしまったことを悔やんでいる。この冒険に誘ったのは自分だったと自覚している。特に自分が昏睡状態でいたあいだに、カーリトの葬儀が執り行われてしまったことが残念でならない。そのドキュメンタリーは、センバがカーリトの墓を訪れるシーンで終わっていた。

あの墓地はどこなのだろう？　という疑問が湧いた。ドキュメンタリーではその場所を明かしていなかった。意図的に隠したものか、それともナレーションとしては不必要だと判断しただけなのか。リッチモンドに落ちて死んだのなら、この近くで葬られたはずだ。あえて遠くまで運ぶ理由がない。

世の中には妙なウェブサイトがある。墓地を求めてさまよっているうちに「ビリオングレイブズ・コム（billiongraves.com）」というサイトを見つけた。むりやり訳せば「莫大墓所ドットコム」みたいなサイトで、姓名をインプットするとその死者の墓石・墓標の所在地がわかる。日本語の説明では「世界最大の検索可能なGPS墓地データ資源」となっている。例としてアメリカの墓地に葬られた有名人の墓、チャペルのようなドイツの墓、オーストラリアのデザインに凝った墓石、フランスの大家族の墓の写真が出てきた。

ためしにカーリト・ヴァーレの名前をインプットしてみる。ホームレスあがりの密航者の墓など、データベースに登録されているはずがないとは思いながら。

ところが検索結果に彼の名前が現れたのである。不鮮明な写真ながら木製の十字架に、彼の名前を印した銘板が貼りつけてある。その写真に所在地が明記されていた。

「英国、イングランド、ロンドン、テディントン共同墓地」

テムズから離れたあと、五百メートル先で右折した先にテディントン共同墓地はある。よく晴れた日の午前、常緑樹で覆われた分だけ木漏れ日が強烈に見える。イギリスの墓地というのはなんとなく華やかなところがある。墓石とか石像に凝ったものが多いのと、献花が多いので公園のようなおもむきがあるからだろう。

だが、カーリト・ヴァーレの墓標を探しだすのは容易なことではないと、墓地に足を踏み入れた瞬間に理解した。広大だし墓石の数は無数にある。案内所というのか墓守の事務所というのか、入り口横にある建物のドアは閉まっていた。手がかりは「莫大墓所ドットコム」で見た木製の十字架にメタルの銘板のイメージだけ。それは手元のｉＰｈｏｎｅにコピーしてきた。

墓地というのはどこでも古い区画と新しい区画に分かれている。二〇一五年に死亡したカーリトの墓はまちがいなく最新の区画にあるはずだ。墓地全体を探し歩かずとも、四分の一くらいの面積をしらみつぶしに見てゆけば必ず見つけることができると踏んだ。僕は

ｉＰｈｏｎｅを手に、ひとつずつ見ていった。多くは石の墓標で、探しているのは木製十字架だから、文字通りにひとつずつということではない。墓石・墓標の列に沿ってゆっくり歩いて木製のを探していけば見つかる算段だった。ところが対象範囲を全部しらみつぶしにしたのに見つからない。

あきらめかけた。墓はなくなってしまったのかもしれない。ロンドン密航をくわだてて落下した遺体のなかには、いったんロンドンの墓地に埋葬されたが、後日遺族がやってきて、故郷へ送り届けられたという例があるとも聞いていた。悲しげにカーリトの思い出話をしていたあの妻、アンナがここへやってきてモザンビークへ連れ帰ったのかもしれない。

あきらめてぶらぶらと歩いていたら、足もとにカーリト・ヴァーレの墓標が現れた。それは思っていたよりもずっと小さな十字架だった。僕の膝にも届かない。ウェブの写真を見たかぎり、少なくとも子どもの背丈くらいはありそうだったのに。見つけることができなかったもうひとつの理由は、その小さい十字架が、別の死者の大きな墓石の陰になっていたからだ。

小さいけれどもよく磨かれた金属板に彼の名前と「享年三十、安らかに眠れ」という文字が刻まれていた。鏡のような金属板は周囲の風景をあまりにも鮮やかに映しているせいで、死者の名前はほとんど読めない。誰かが供えた四本の造花が芝に埋もれている。

数年前、新聞で見つけたショッキングな記事の、僕にとっては、がむしゃらにロンドンを目指し、悲劇的な最期を迎えた密航者でしかなかった青年。しかし今、僕は彼の精悍《せいかん》な顔を知り、短い人生を知り、親友センバが伝えた彼の最後を知っている。そのカーリトが葬られている場所を僕はやっと探し当てた。彼の妻アンナは、夫の半生に興味をもってくれた人にありがとうと言っていた。彼を人間として扱ってくれて、ありがとうと。

あとがき

小学生のころ、学校から自分の家まで小石を蹴りながら帰ることがあった。蹴りそこねてドブに落としてしまったり、石ころの多い道で自分の石がほかの石と見分けがつかなくなったりすることもある。それでも、ひと蹴りごとに愛着が増し、いつのまにか相棒となった石ころといっしょに無事帰宅できたときはたまらなく嬉しかった。

ここに収めた十九編を書き終え、並べる順番も決めたときに湧いてきた安堵感はそれに似ていた。いうなれば無事に回収した十九個の小石。

だが、その認識には修正を加えなければならない。

短編小説集を編みあげた場合なら、そのメタファーは妥当だったろう。なぜならば、フィクションは書き終えた瞬間に固定するから。しかし、僕の生活空間から掬《すく》いあげられた人々には、最後の句点以降にも続きがあった。小石とはわけが違う。

＊

ある土曜日の午後、車に積んだままにしてあった白米十キロの袋を取りに表に出たとき、どこからか叫び声のようなものが聞こえてきた。キツネの鳴き声のようにも、はしゃぎすぎた子どもの歓声のようにも聞こえる。立ち止まって耳を澄ました。土曜日の午後というのは早くから外出してしまっている人が多く、比較的通りが静かになる。そのときも、うちの前の通りはひっそりとしていた。

二度目、そして三度目。人の声であることにまちがいはない。しかしその叫び声の意味がわからない。声のする方角へ近づくにつれ、それが女性の悲鳴であることがわかってきた。夫に危害を加えられている妻の悲鳴か、という考えが頭をよぎる。隣人が誰も飛び出してこず、通り一帯がしんとしているのは、巻き添えになる危険性を察知して皆固唾《かたず》を呑んでいるからか？　ならば、こうして現場に駆けつけようとしている自分はおっちょこちょいなのか？

アーアー、という悲鳴は一定の間隔をおいてサイレンのように響いていた。痛みの訴えでもあり助けを求める叫び声のようでもある。そしてその声の出所は、あのウイスキー好きのおばあさんが住む家だった。

家の中からではなく裏庭の方角から聞こえてくる。正面ドアを開けようとするが鍵がかかっていて開かない。裏庭へまわる通用口の大きなドアもびくともしない。両隣の家のどちらかから入って塀を越える手もあったが、両方とも留守だった。

しかたなく通用口のドアになんとか這い上がったが、上部には防犯用の槍のようなスパイクがつらなっていて、そこを乗り越えるのは不可能だ。へたをすると串刺しになる。だが、そこから六、七メートル先に横たわっているおばあさんが見えた。横臥してアーアーと叫んでいる。だいじょうぶですか？　どうしました？　と問いかけてもアーアーだけである。動けませんか？　立てませんか？　などと無理な問いかけにも泣き声のようなアーアーである。「鍵は？」と尋ねたとき、ようやく別の返事が返ってきた。「コール、マイ、サン！（息子を呼んで！）」と叫んでいる。そんなことを言われてもわからない、と叫び返すと、おばあさんは、ゼロ、セブン、エイト、ワン、と唸りはじめた。息子の電話番号である。僕はそれを大声で反復して記憶しようとした。

そこへやってきたのがわが妻。米を取りに行ったはずの夫がなかなか戻ってこない。通りに出たら車のところにもいない。捜してみたら、他人の家の通用門によじのぼっているではないか。それに、なにやらわめいている。キモをつぶす光景ではあったろう。僕は彼女から携帯電話を借りて、おばあさんが反復するナンバーを打ちこんだ。妻は家に戻って救急車を呼んだ。

息子は遠い所に住んでいたが一時間程度で着くという。戻ってきた妻によると、救急車も一時間はかかるらしい。各病院の救急処置要員不足は深刻で、それは英国の自爆的愚策ともいうべきEU離脱によるところが大きい。欧州大陸からの人材が減少しつつあるのは、医療分野でも同じなのだ。いや、医療分野が最も深刻な影響を受けている。

途中で帰ってきた隣人が塀の一部を壊して毛布と水を与え、三人で息子と救急車の到着を待った。一応救助隊らしきわれわれを得たおばあさんは、ひと安心したようだったが痛みを訴える悲鳴はやまなかった。腰のあたりを押さえて痛い痛いと言う。骨折しているようだった。

息子と救急車がほぼ同時に到着した。約束の一時間よりはやや短めの五十分後に。骨折だったからよかったようなものの、心臓とか脳の問題だったらどうなっていたかわからない。

救急隊員はやたらと陽気で饒舌な男で、おばあさんを担架に乗せたあと、この脚を見てみろ、と彼女の真っ白な脚を指さす。

「右の方が短くなってるだろう？　これは腰を複雑骨折した証拠だよ」

なんと恐ろしいことを平気で言うのだろう。でも本当に、作り損なった人形のように片脚が短くなっていた。十センチは短くなっているように見えてぞっとしたのだが、それはその瞬間のショックのせいで、実際には三センチほどだったのかもしれない。

おばあさんは入院したまま何か月も帰ってこない。主を失った家はずっとカーテンを閉じたままだ。左右の長さが違う脚で、また散歩ができるようになるのだろうか。歩き疲れてうちの塀に止まりにくるのはいつだろう、と渡り鳥の帰還を待つような気持ちでいる。

エドワードとフリーダが嬉しそうに腕を組み、ゆっくりとした足取りでコンサートへ出かけたのはコロナ騒ぎが一段落したあとだった。

あれから半年も経たぬうちに、フリーダが心臓病で倒れ、エドワードの癌が悪化した。フリーダが先に入院し、数週間後エドワードがそのあとを追った。追ったといっても同じ病院ではなく、車で三十分程度離れた別の病院である。

あるとき、フリーダの容態が急に悪化し、もう長くはないという噂がかけめぐった。だがそれと同じころ、エドワードの余命について人々が語りはじめた。夫妻を取り巻く人たちは、あの二人は一緒に旅立とうとしているのではないか、と噂した。

しばらくして、フリーダが最悪の状態を脱したらしいという朗報が入ってきた。だが、エドワードについての情報は何もない。息子や娘たちが交代で病院に詰めているという話以外には。そうこうするうちにエドワードが亡くなった。八十九歳の生涯だった。

葬儀の数週間後、僕たちは退院して間もないフリーダを訪れた。娘のヴァイオリン教師だったころの厳しさは失せ、体重もだいぶ減らしたフリーダだったが、頭ははっきりしていた。エドワードを失った実感がまだ湧かない、と言う。これから悲しみが来るんでしょう、とも。

エドワードの臨終には立ち会えなかったの、と彼女は話しはじめた。「わたしはまだ入院中で動けませんでしたから。子どもたちはみんなエドワードの病院のほうへ集まって、わたしには次男の妻が付き添っていてくれました。その日の朝、長男から電話があって『お父さんは今日旅立つ』と知らせてきたの」

葬儀から三か月後に、近くの教会で「偲ぶ会」が開かれた。音楽仲間が、エドワードを偲んで次々に小曲を演奏する会だった。クラリネット奏者だった彼のために、誰かがジェラルド・フィンジのクラリネット曲、「バガテル」を吹いた。イギリス音楽らしい哀愁がむせるような曲である。

そしてテノールの男性がシューベルトの歌を二曲うたった。フリーダにひとめ惚れした二十六歳のエドワードが、ドイツ語しかできないフリーダとの会話のために単語や例文を拝借した、あのシューベルトの歌を。

フリーダは天井の一角を見つめてほほえんでいた。

*

ところで、小学校から小石を蹴りながら家まで帰ってくる話というのは、ロンドンではあまり通じない。首都圏以外もそうだろうと思い、地方都市出身の娘の友だちに念のために確認したら案の定、何ですかそれ？　という顔をされた。

「学校から同じ小石をなくさないように蹴りつづけてくる遊びだよ。絶対に手を使っちゃいけないいんだ」と言っても、日本の伝統行事の説明を聞かされているかのような、不思議な顔をするのだった。

それは、イギリスでは小学校の六年生になるまで、子どもだけでの登下校が許されていないことも理由のひとつだ（法律ではなく自治体のガイドライン）。親ないしは子守役が車で送り迎えをするか、家が近ければ徒歩で送迎するし、スクールバスの場合もある。要は誘拐の多い国だから（欧州では人口比でベルギーの次に多い）、十歳まではがっちりと登下校管理がなされる。最終学年の六年生になると、初めて大人による監視付きの登下校がなくなるわけだが、その日を迎えた少年少女たちは、いけすから放流された若アユみたいに、ぎごちなくも晴れがましい。昔から大人だったような顔をして意気揚々と行く子もいれば、近所の子と連れだってくすくす笑いながら行く子もいる。

小石を蹴りながら家に帰る話を妻にしたところ、わたしたちもやった、と彼女は言う。スイスで少女時代を過ごした彼女は、日本で育った僕が謳歌したのと同じ道草自由の息吹を知っていた。日本とスイスの共通点というのは意外と少ないのだが、児童の自由を制限せずに済むだけの安全性は、今のところ確保されているようだ。東京に来たイギリスからの旅行者は、電車や地下鉄にランドセル姿の小さな子が一人で乗っているのを見て仰天する。四、五人のグループだとしても保護者がついていないので驚くのである。

＊

「ハリウッドからロンドンへ」の章で、地元で作ったアーティスト・グループについて触れた。創設メンバーの六人のうち二人は逝去したという話。その一人が画家のサリー・ハンキンで、彼女は二年前に九十七歳で亡くなった。彼女の娘、テッサ・ハンキンもアーティストの道を選び、今ではモザイクの専門家である。本書のカバーに使用したモザイクはロンドンの二千年史を描いた彼女の作品の一部で、全長三十メートルの大作である。対岸にシェークスピアのグローブ座を臨むテムズ川北岸にある。

僕の個人的な生活圏のできごとを綴った親密なページを包むカバーに、亡き友人の家族の作品を使用することができたのは、縁と偶然が相半《あいなか》ばする幸運な巡り合わせだった。

*

本書成立の最初から最後まで、集英社インターナショナルの田中伊織さんにはお世話になりました。田中さんの助言と励ましがなければ、このようなまとまりのある形、美しい本になることはなかったでしょう。心から御礼申し上げます。

二〇二三年八月

園部　哲

園部 哲　そのべ・さとし

翻訳家。一九五六年、福島県生まれ。七九年、一橋大学法学部卒業、三井物産入社。二〇〇五年同社退職、翻訳者に。訳書に『北極大異変』(集英社インターナショナル)、『北朝鮮 14号管理所からの脱出』『アジア再興』『アメリカの汚名』『ニュルンベルク合流』『エリ・ヴィーゼルの教室から』『第三帝国を旅した人々』『上海フリータクシー』(以上、白水社)、『密閉国家に生きる』『人生に聴診器をあてる』(共に中央公論新社)。朝日新聞GLOBE連載「世界の書店から」英国担当。ロンドン郊外在住。

異《い》邦《ほう》人《じん》のロンドン

二〇二三年九月三〇日　第一刷発行

著者　園部《そのべ》哲《さとし》

発行者　岩瀬朗
発行所　株式会社　集英社インターナショナル
〒一〇一-〇〇六四　東京都千代田区神田猿楽町一-五-一八
電話　〇三-五二一一-二六三〇
発売所　株式会社　集英社
〒一〇一-八〇五〇　東京都千代田区一ツ橋二-五-一〇
電話　〇三-三二三〇-六〇八〇（読者係）
〇三-三二三〇-六三九三（販売部）書店専用
印刷所　大日本印刷株式会社
製本所　ナショナル製本協同組合

 ISBN978-4-7976-7435-4 C0095